Liebe Leserinnen, liebe Leser!

Wie keine andere Region in Deutschland gilt das Weserbergland als Märchenland. Die Sababurg im verwunschenen Reinhardswald soll der Ort sein, an dem Dornröschen von ihrem Prinzen wachgeküsst wurde. Auf der Trendelburg ließ Rapunzel, so heißt es, ihr Haar herabwallen, und in Bodenwerder verbreitete Münchhausen seine Lügengeschichten (zumindest das ist historisch gesichert).

Eine märchenhafte Region

Wie die Brüder Grimm zu ihren Märchenthemen kamen, verrät uns Knut Diers im DuMont Thema auf S. 32 f. Märchenhaft ist die Region aber durchaus im doppelten Wortsinne. Verzaubern doch wahrlich traumhaft schöne Flusslandschaften (der für mich sensationellste Ausblick auf die Weser bietet sich vom Skywalk bei Bad Karlshafen, siehe Topziel S. 7), und hübsche Fachwerkorte begeistern mit ihrem romantischen Charme. Allein in Hann. Münden, wo die Weser ihren 452 km langen Lauf bis in die Nordsee beginnt, gibt es rund 700 stattliche Fachwerkhäuser. Eine Hochburg der Weserrenaissance, jener norddeutschen Variante der Renaissance, ist Hameln. Die Rattenfängerstadt ist das unumstrittene touristische Zentrum der Region.

Perspektivenwechsel: Bootstour

Andere Eindrücke verschafft eine Bootstour auf der Weser. Von vielen Orten starten regelmäßig Ausflugsschiffe. Wer es nostalgisch mag, setzt mit einer Gierseilfähre, die nur die Wasserkraft zur Fortbewegung nutzt, von einem Ufer zum anderen über (wie das funktioniert, verraten wir Ihnen im DuMont Thema auf S. 60 f.). Noch romantischer ist eine Floßtour ... Dabei ist man sich dann ganz sicher, das Weserbergland ist eine märchenhafte Region!

Herzlich

Ihre

Birgit Borowski

Birgit Borowski
Programmleiterin DuMont Bildatlas

»Das Weserbergland ist eine märchenhafte Region. Viele Märchen und Sagen haben hier ihren Ursprung.«

Georg Knoll *lebt in Frankfurt und ist weltweit als Fotograf unterwegs. Am Weserbergland haben ihn vor allem die alten Wälder und Fachwerkstädte beeindruckt.*

Knut Diers, *studierter Geograf und Reisejournalist aus Hannover, paddelt, radelt, wandert überaus gern durchs Weserbergland und genießt die vielen Kulturschätze.*

92 In der Hofreitschule zu Bückeburg wird die hohe Kunst des Barockreitens zelebriert.

84 Der Glanz des Schaumburger Landes mit seiner ehemaligen Residenz Bückeburg fällt auch auf die Fachwerkstadt Rinteln.

32 Die Brüder Grimm haben den Boden bereitet, auf dem nun bei Märchenvorführungen Ernte gehalten wird.

24 Unvergleichliche Ausblicke erlaubt der Skywalk bei Würgassen. Auch der Reinhardswald ist alles andere als gewöhnlich.

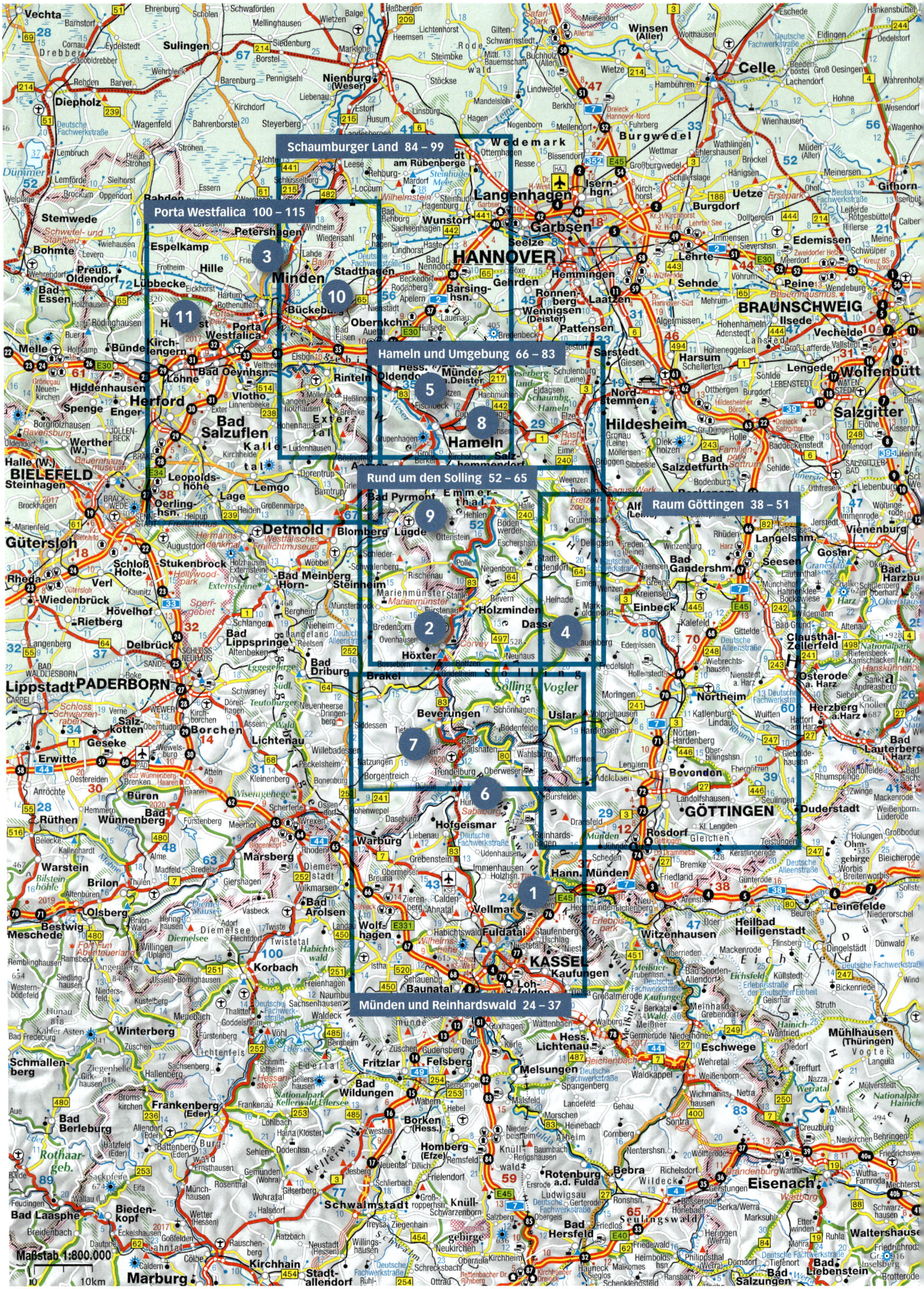
Schaumburger Land 84 – 99
Porta Westfalica 100 – 115
Hameln und Umgebung 66 – 83
Rund um den Solling 52 – 65
Raum Göttingen 38 – 51
Münden und Reinhardswald 24 – 37
HANNOVER
BRAUNSCHWEIG
BIELEFELD
PADERBORN
GÖTTINGEN
KASSEL
Hameln
Hildesheim
Minden
Celle
Salzgitter
Herford
Detmold
Höxter
Holzminden
Eisenach
Marburg
Maßstab 1:800.000
10 km

Topziele

Die bedeutendsten Sehenswürdigkeiten der Region und Erlebnisse, die Sie auf keinen Fall versäumen sollten, haben wir auf dieser Seite für Sie zusammengestellt. Auf den Infoseiten ist das jeweilige Highlight als **TOPZIEL** *gekennzeichnet.*

KULTUR

1 **Hann. Mündens Fachwerktraum:** Reich verzierte Fassaden, enge Gassen und ein weiter Marktplatz mit Weserrenaissance-Rathaus bilden ein Idyll. **Seite 35**

2 **Schloss Corvey:** Mit dem Westwerk, den Konzerten und der Bibliothek ist das einstige Karolingerkloster UNESCO-Weltkulturerbe. **Seite 64**

3 **Mindener Kostbarkeiten:** Dom, Marktplatz und Weserstrand gehören zu den Highlights in Minden; dazu hat die Stadt ein imposantes Wasserstraßenkreuz. **Seite 114**

NATUR

4 **Neuhaus im Solling:** Ob Mountainbiker, Kletterer im Hochseilgarten, Tierparkbesucher oder Wanderer – Naturfans sind hier richtig. **Seite 64**

5 **Natur erleben im Süntel:** Klippen, die teils 40 Meter tief abfallen, und Wälder mit Weitblick liefern alle Zutaten für ein Wanderparadies. **Seite 97**

ERLEBEN

6 **Märchenhafte Sababurg:** Ein Prinz küsst Dornröschen in der Sababurg wach. Nebenan im Tierpark sind Adler im Anflug zu erleben. **Seite 36**

7 **Auf dem Skywalk:** Schweben über der Weser – dieses Gefühl stellt sich beim Betreten der Plattform an den Klippen in der Nähe von Würgassen ein. **Seite 36**

8 **Die Rattenfängerstadt:** Was sich um eine der berühmtesten Sagen der Welt rankt, wird als Musical und im Museum Hameln gekonnt dargeboten. **Seite 82**

9 **Wellness in Reinkultur:** Bad Pyrmont blickt auf mehr als 515 Jahre Kurbetrieb zurück. **Seite 81**

10 **Bei den Hofreitern:** Galas mit Barockpferden im Bückeburger Schloss sind Spitze. **Seite 98**

11 **Kaiserliche Aussicht:** Wer oben am Kaiser-Wilhelm-Denkmal steht und den Weserdurchbruch sieht, hat fast den Eindruck zu fliegen. **Seite 114**

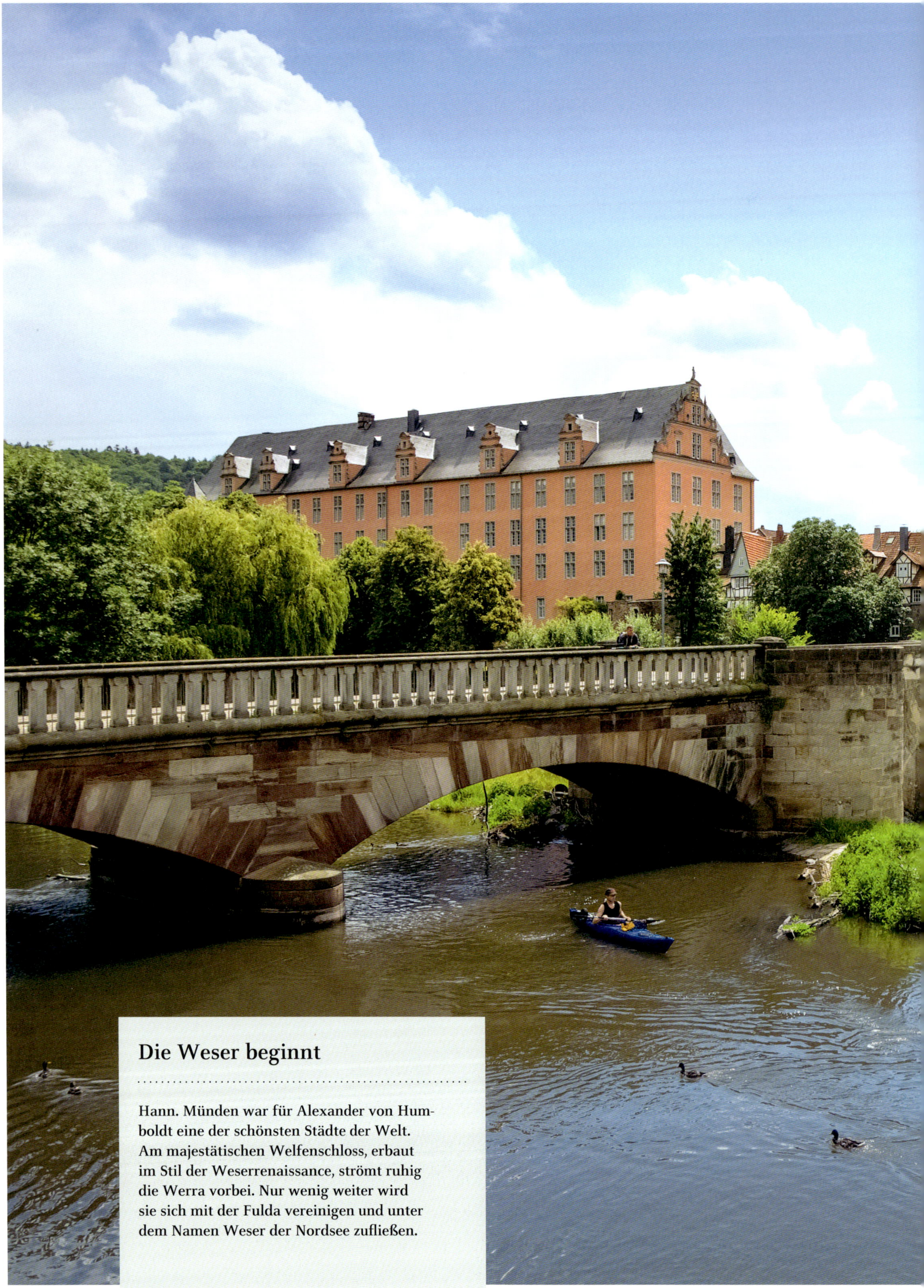

Die Weser beginnt

Hann. Münden war für Alexander von Humboldt eine der schönsten Städte der Welt. Am majestätischen Welfenschloss, erbaut im Stil der Weserrenaissance, strömt ruhig die Werra vorbei. Nur wenig weiter wird sie sich mit der Fulda vereinigen und unter dem Namen Weser der Nordsee zufließen.

Altstadt-Träume in dichter Folge

Die Kleinstädte entlang der Weser überbieten sich in ihrem Charme. Jede versprüht ihre Reize. Fachwerkhäuser, Weserrenaissance, Marktplätze mit Flair und Gassen mit stilvollen Cafés bezaubern die Besucher. Wie hier in der Altstadt von Hameln halten sie inne und genießen. Die Vielzahl der regionalen Köstlichkeiten will probiert sein. Als kostenlose Beigabe zum geschmacklichen Kennenlernen der Speisen und Getränke werden die Gäste mit dem Anblick der schmucken Häuser belohnt – eine gelungene Kombination.

Radeln mit Rückenwind

Woher der Rückenwind kommt? Aus dem Akku am Fahrrad. Das Weserbergland ist E-Bike-Region mit einem professionellen Netz aus Verleih- und Aufladestationen. Doch auch mit herkömmlichen Fahrrädern haben Freizeitsportler leichtes Spiel – es geht zwischen Hann. Münden und Minden selten bergauf. Doch führen vom Weserradweg – er gehört zu den beliebtesten Radrouten Deutschlands – manchmal Schleifen rechts und links in die Hügel zu regionalen Natur- und Kulturschätzen. Da wirkt ein Rückenwind Wunder.

Prunkvoll Feste feiern

In solch prunkvoller Umgebung lässt es sich stilvoll feiern. Mag sich der Charakter der Feste gewandelt haben, die Schlösser entlang der Weser – ob Bückeburg (Foto), Bevern, Corvey oder Fürstenberg – sind immer noch Orte für herausragende Veranstaltungen. Dazu zählen Konzerte, Lesungen und Ausstellungen.

EUROPA MINDEN D

Wo sich die Wässer kreuzen

Oben fahren die Schiffe auf dem Mittellandkanal, unten auf der Weser. 13 Höhenmeter trennen die beiden Wasserstraßen hier in Minden, wo sie sich kreuzen. Die mächtigen Trogbrücken – links die neue, rechts die alte – sind ein Besuchermagnet. Manche buchen eine Ausflugsfahrt, um vom Schiff aus dieses Meisterwerk eingehend zu betrachten.

Die Hofreiter

Die Pferde der einzigen deutschen Hofreitschule führen mit ihren kostümierten Reiterinnen und Reitern vor, was sie gelernt haben. Im täglichen Training vervollkommnen die 22 Tiere aus neun Barockpferderassen in Bückeburg ihre Schritttechnik. Die Luftsprünge waren einst überlebenswichtig für Ross und Reiter, die sich im Schlachtgetümmel behaupten mussten. Später entwickelten die europäischen Fürstenhöfe daraus eine mit Musik unterlegte Symbiose aus Mensch und Pferd.

Könige der Bäume

Der Reinhardswald zählt zu den herausragenden Naturschätzen der Region. Insbesondere der „Urwald Sababurg", ein Hutewald, in den die Bauern einst ihre Schweine trieben, bezaubert mit uralten Baumriesen. Einige von ihnen haben hier bereits vor 800 Jahren ihre Wurzeln geschlagen.

Die besten Restaurants mit Aussicht

Über den Tellerrand

Flüsse sind nicht nur Lebensadern, sie bieten Raum für Träumereien. Wer sich in dem passenden Lokal niederlässt, vereint sogar Kulinarisches mit einem Weserblick. Aber es gibt weitere grandiose Orte für aussichtsreichen Genuss.

1 Fürstlicher Blick

Schnell ausgebucht ist das Sonntags-Frühstücksbüfett in der Lottine. Doch auch sonst ist für „Kaffeetanten" alles bereitet, natürlich auf bestem Fürstenberg-Porzellan. Meist stehen acht frische Torten im Tresen, die die hauseigene Konditorin geschaffen hat. Aber auch der Chefkoch steht nicht hinten an: Raffinierte Speisen, jahreszeitlich abgestimmt, verlassen seine Küche. Gratis ist der Ausblick auf den Weserbogen, über dem das Schloss Fürstenberg thront.

Schlosscafé Lottine
Meinbrexer Str. 2
37699 Fürstenberg
Tel. 05271 496523
www.schlosscafe-lottine.de

2 Schaumburger Weite

Vom Restaurant auf der Burg Schaumburg fällt der Blick ins weite Wesertal. Dazu serviert Fam. Kehlenbeck (Foto S. 23) ein viergängiges Ritteressen mit Haxen und Salat aus Holzmollen, garniert mit Rittergeschichten. Das gediegene Lokal bietet Deftiges sowie Kaffee und Kuchen. Auch wer nur ein Bier am Tresen trinken möchte, ist willkommen. Mit Hotel und Ferienwohnungen.

Burg Schaumburg
Burgstr. 2–4, 31737 Rinteln
Tel. 05152 947460, www.schaumburger-ritter.de

3 Wesergenuss

Zwischen Bad Karlshafen und Minden pendeln die Ausflugsschiffe der „Flotten Weser" sowie die „Mindener Fahrgastschiffahrt". Im Mai winkt das Matjesessen, im Juni die Spargeltour und im Herbst die „Bayerische Zeit". Es werden auch Grünkohlessen, Orientalische Nacht sowie Gänse-Büfett an Bord angeboten. Auf dem Schiff genießen – das ist ganz ein besonderes Reiseglück.

Ab Hamlen: Flotte Weser
Am Stockhof 2
31785 Hameln
Tel. 05151 939999
www.flotte-weser.de
Ab Minden: „Mindener Fahrgastschiffahrt"
Sympherstr. 16
32425 Minden
Tel. 0571 6480800
www.mifa.com

4 Solide und schön

Vornehmer Landhausstil mit städtischem Design im Schloss Hehlen, sowohl Café als auch ausgezeichnetes Restaurant mit „Slow Food" – so präsentiert sich „Die Kaffeewirtschaft". Die Kaffeebohnen werden im eigenen Trommelröster schonend langsam bei niedrigen Temperaturen gebrannt. Die schönsten Stunden lassen sich hier feiern, entweder am Kamin oder bei Sonnenuntergang auf der Terrasse am Weserufer. Die Küchenparty und der Winzerabend sind ebenfalls empfehlenswert.

Die Kaffeewirtschaft,
Schloßstr. 2, 37619 Hehlen
Tel. 05533 409154, www.die-kaffeewirtschaft.de

5 Küssen erwünscht

Den großen Weserbogen bei Bad Oeynhausen, die Porta Westfalica im Blick und dazu ein schattiger Platz im Biergarten – so erleben die Gäste dieses Lokal am Rande der Stadt. Der Weserradweg führt vorbei. Die Erdbeertorte ist ein Gedicht, aber auch die anderen gutbürgerlichen Speisen haben Geschmack. Der kleine Weser-Kuss (Werre mündet in den Fluss) liegt etwas nördlich. Was für ein Liebesort! Küssen erwünscht.

Altes Fährhaus
Fährweg 17
32547 Bad Oeynhausen
Tel. 05 73 1 3 00 59 88
www.altes-fährhaus.de

6 Dicht am Weserstein

Den Eisbecher in der Hand, ein ruhiger Platz auf der Terrasse und den Blick auf die Schleusung eines Fuldaschiffs gerichtet – dieses Gasthaus bietet Ausblick und kulinarischen Genuss. Innen finden hundert Gäste Platz, im Bier- und Kaffeegarten sogar 150. Und zum Weserstein sind es nur wenige Meter.

Gasthaus Weserstein
Tanzwerder 5-7
34346 Hann. Münden
Tel. 05 54 1 7 25 59
www.gasthaus-weserstein.de

7 Wildbret auf dem Grill

Der Blick ins Leinetal ist schon etwas für Genießer, der Blick in die Speisekarte ebenso. Ob Rittersaal, Gewölbekeller oder Burghof, die historischen Mauern dieser 1015 erstmals urkundlich erwähnten Anlage schaffen die passende Stimmung dazu. Von Mai bis August liegt Wildbret auf dem Grill. Im Winter reizen drei Rittermahl-Menüs die Gaumen.

Burgschänke Plesse
Ritterstieg 99
37120 Bovenden
Tel. 05 59 4 94 33 33
www.burg-plesse.de

8 Fischers Fritze

Friedrich Köster gilt als erfahrener Fischer. In Polle bietet er auf der „Weserterrasse" die frisch zubereiteten Aale, Forellen und Zander an. Ob gebraten oder geräuchert, hier wird jedes Gericht munden. Dazu fällt der Blick auf die Weser, dem Hausrevier der Fische. Regionale Produkte erfreuen sich gerade in der Solling-Vogler-Region wachsender Zustimmung. Und es gibt nicht nur Wildbret!

Pension Weserterrasse,
Mühlenweg 2, 37647 Polle
Tel. 05 53 5 94180

9 Café am Fluss

Schon der Anblick des Fachwerks vom alten Rathaus in Bodenfelde verspricht Gemütlichkeit. Innen öffnen sich vier Räume, außen bietet sich von der Terrasse ein großzügiger Blick ins Wesertal. Familie Fischer tischt Kuchen oder kulinarische Snacks auf, die allesamt äußerst schmackhaft sind. So macht die Rast Lust auf mehr. Versuchen Sie die Weser-Schmalzschnitte!

Café Ambiente
Bleekstr. 23
37194 Bodenfelde
Tel. 05 57 2 515
www.cafe-ambiente2010.de

Küsse, nichts als Küsse!

Mit dem „Weserkuss“ auf der Insel Tanzwerder beginnt in Hann. Münden die 452 Kilometer lange Reise des Flusswassers bis zur Mündung bei Bremerhaven in die Nordsee. Der erste Teil des Oberlaufs bis zur Barockstadt Bad Karlshafen zählt zu den eindrucksvollsten Abschnitten – geprägt von Urwaldeichen und Riesenfarnen, von Dornröschen und Rapunzel, von Reinhards- und Bramwald sowie malerischen Flussschleifen.

Rund um den Marktplatz gruppieren sich in Hann. Münden schöne Fachwerkhäuser. Das Rathaus präsentiert reinste Weserrenaissance.

Wo an der Insel Tanzwerder „Werra sich und Fulda küssen, sie ihre Namen büssen müssen“. So umschreibt der alte Weserstein lyrisch den Beginn der Weser.

Ein gerne besuchter Platz in Hann. Münden: der 1899 aufgestellte alte Weserstein.

Eine wechselvolle Geschichte prägt das Welfenschloss in Hann. Münden: 1501 erbaut, brannte es bereits 1560 komplett ab, wurde im Stil der Weserrenaissance wiederaufgebaut, um 1849 seinen Südflügel durch ein Feuer endgültig einzubüßen. Die malerische Lage blieb.

Das Rathaus am Alten Markt. Hann.(oversch) Münden hieß ursprünglich nur Münden, wurde 1815 aber umbenannt, um den ständigen Verwechslungen mit Minden ein Ende zu machen.

Eine der schönsten Ecken in Hann. Münden ist die Marktstraße.

Special

Klosterleben in Bursfelde

Mal heiter, mal still

„Das halten wir gern durch“, freut sich die Pastorin in Bursfelde, das am Pilgerweg Loccum-Volkenroda liegt. Sie meint damit das tägliche Angebot eines Abendgebets um 18.00 Uhr für alle.

Ein Kreis aus Pilgern und Tagungsgästen des Geistlichen Zentrums Bursfelde hat sich vor dem Altar versammelt. Die Zufallsgruppe betet, lauscht und singt. Pastorin Silke Harms spricht von einem besonderen Ort. „Hier verlaufen neun Wasseradern“, erläutert sie und fügt lächelnd hinzu: „Außerdem ist diese Kirche seit ihrer Gründung 1093 von Gebeten imprägniert.“

Es herrscht eine fröhliche Atmosphäre im Haus. 20 Pilger finden Platz zum Übernachten. Für angemeldete Gäste stehen drei Einzel- und ein Doppelzimmer in der „Oase“ bereit. Ein Meditationsraum gehört dazu sowie eine gemütliche Küche. Seminare bietet das Haus, das seit 1672 keine

Kloster Bursfelde wurde 1093 gegründet.

Mönche mehr beherbergt, seit 1978 an. Es geht um Lebensfragen, Einkehr und Glauben. Bunt wie das Angebot sind auch die Gäste. Sie verleihen der früheren Benediktinerabtei dicht an der Weser und dem Bramwald eine besondere Stimmung. Die schwankt zwischen Heiterkeit und Stille. Am ständig plätschernden Brunnen mit Blick auf Garten, Bäume und die weithin sichtbaren beiden Kirchtürme sitzen die Gäste offenbar am liebsten.

Der weitgereiste Forscher Alexander von Humboldt sollte es wissen: Hann. Münden war für ihn „eine der sieben schönst gelegenen Städte der Welt“. Um das nachzuempfinden, ist der Aufstieg zur Weserliedanlage am rechten Weserufer die Mühe wert. Sie wurde zur Erinnerung an den Dichter des Weserliedes, Gustav Pressel, und den Komponisten Franz von Dingelstedt errichtet. „Hier hab' ich so manches liebe Mal mit meiner Laute gesessen ...“, beginnt der 1835 verfasste Reim. Beim Anblick der von Bergwäldern umrahmten Drei-Flüsse-Stadt könnte man auch heute noch ein fröhliches Lied trällern. So harmonisch schmiegt sie sich ins Tal.

700-facher Fachwerktraum

Von dort oben schweift der Blick auf die Insel Tanzwerder, wo der Weserstein den Zusammenfluss von Werra und Fulda markiert. „Wo Werra sich und Fulda küssen“ nimmt die Weser ihren Lauf. Dahinter erhebt sich in Rot die Dachlandschaft über dem schwarz-weißen Fachwerktraum, der aus rund 700 Häusern besteht. Sie stammen aus sechs Jahrhunderten und erzählen durch ihre Inschriften und Motive viel von der 1183 erstmals erwähnten Handelsstadt. Manche Holzstränge symbolisieren Schiffstaue oder die Spitze eines Narwals, an-

Obere Bildreihe: Aus der Luft sind die Mittelkarrees der barocken Stadtanlage von Bad Karlshafen deutlich zu sehen. Auch das Rathaus (Bild S. 29) ist ein Erbe aus der Barockzeit.

Unten: Den besten Überblick auf das Geschehen am und rund um den Fluss erlaubt der Weser-Skywalk bei Würgassen zwischen Herstelle und Bad Karlshafen.

dere weisen durch krumme Balken auf die Armut des Erbauers hin, der sich nur minderwertige Baumstämme im Reinhardswald schlagen durfte. Von den Bomben des Zweiten Weltkriegs blieben die Häuser verschont, doch beinahe wären zwei Drittel von ihnen in den 1960er-Jahren der Abrissbirne zum Opfer gefallen. Ein paar Bürger rüttelten die Verantwortlichen wach und erhielten so das Stadtbild von europäischem Rang. Heute erstrahlt es bis auf wenige Ausnahmen brillant.

Doktor Eisenbart

Wehrtürme, Welfenschloss und Weserrenaissance bereichern Hann. Münden, in dessen Mitte sich das Rathaus präsentiert. Wer um 12.00, 15.00 oder 17.00 Uhr davor stehen bleibt und zum Glockenspiel hinaufschaut, sieht, wie sich oben dazu Doktor Eisenbart, seine Gaukler und ein zahnkranker Patient auf einem Rundeisen herausschieben. Der Wanderarzt behandelte Ende des 17. Jahrhunderts von Aurich bis Innsbruck, von Koblenz bis Danzig die Kranken auf Marktplätzen unter lauten Fanfarenklängen, die die Schmerzensschreie übertönten. Denn Eisenbart hatte das Pech, dass die Anästhesie noch nicht so weit entwickelt war, weshalb jede Operation heftig schmerzte. Gleichwohl genoss er als Chirurg großes Ansehen. Er erfand eine Nadel zum Starstechen, so dass Erblindete nach der Behandlung tatsächlich wieder Umrisse erkennen konnten. 1727 starb er in Hann. Münden. Sein Grabstein (allerdings mit falschem Geburtsjahr) steht außen an der St. Aegidienkirche, heute nach ihrer Säkularisierung ein schmuckes, weltliches Café, wo es Comedy und Konzerte gibt.

Zuzug der Hugenotten

Die Hugenotten, die als französische Protestanten der Lehre Calvins anhingen und als Ketzer verschrien waren, irrten durch halb Europa, bevor Carl I. Landgraf von Hessen-Kassel ihnen 1699 an einer Weserschleife im heutigen Nordhes-

Die sogenannte Kamineiche steht im „Urwald Sababurg". Dieses unter Naturschutz stehende Gebiet zählt zum Reinhardswald und ist aus einem ehemaligen Hutewald hervorgegangen. Hier wachsen noch weitere, teils viele Jahrhunderte alte Buchen und Eichen.

Uralte Bäume, riesige Farne, dämmriges Licht machen den Urwald Sababurg zur richtigen Kulisse für das Märchen von Dornröschen, das auf der Sababurg aufgeführt wird. Gleich nebenan im Tierpark freuen sich die Ziegen auf außerplanmäßiges Futter.

Zwischen Bram- und Reinhardswald strömt die Weser langsam an den Städtchen Hemeln und Reinhardshagen vorbei.

sen eine Bleibe bot. Für jede Familie drei bis fünf Hektar Land, ein Gebäude und Huterecht für das Vieh im Wald. Steuern sollten die Siedler erst nach ein paar Jahren zahlen. So entstand als geplante Anlage in weißen Barockhäusern Bad Karlshafen. Seit 1730 eine Solequelle entdeckt wurde, strömen auch Kurgäste dort hin.

Die strebsamen Franzosen bereicherten die Region mit ihrem handwerklichen Können. Ein Maulbeerzweig erinnert daran, dass die Hugenotten hier sogar die Seidenraupenzucht einführten. In Gewissenruh, das idyllisch an einem Weserbogen etwas östlich von Bad Karlshafen liegt, siedelten die Waldenser, ebenfalls aus Frankreich vertriebene Protestanten. An einigen Holzbalken in dem Straßendorf sind noch die französischen Inschriften abzulesen. Namen wie Gille, Seguin oder Vincent gibt es noch heute.

Ein gigantischer Naturpark

Zwischen Hann. Münden und Bad Karlshafen ziehen sich die Wälder und Buntsandsteinklippen bis auf 472 Meter westlich im Reinhardswald und 408 Meter östlich im langgestreckten Bramwald hinauf. Zusammen mit dem Kaufunger Wald weiter südlich sowie Abschnitten der Flusstäler von Werra, Fulda und Weser bilden Reinhards- und Bramwald den 450 Quadratkilometer großen Naturpark Münden. Im Reinhardswald, mit rund 200 Quadratkilometern das größte zusammenhängende Waldgebiet Hessens, blieb ein Teil als Urwald sich selbst überlassen. Dort sind die Baumriesen westlich der Sababurg und des weiträumigen Tierparks bei Spaziergängen zu bewundern.

Das Schloss Sababurg gilt wegen seiner verwunschenen Anmut als einstiger Wohnsitz Dornröschens. Gern erinnern hier junge Darstellerinnen (mit und ohne wachküssenden Prinzen) an das Märchen, das einst die Brüder Grimm sozusagen „auflasen“. Sie kamen von ihrem langjährigen Wohnort Kassel aus oft in die Gegend und ließen sich von den Einheimischen Märchen erzählen, die sie schließlich sammelten und verfeinerten (s. DuMont Thema S. 32).

Von Kloster zu Kloster

Rechts der Weser beginnt rund fünf Kilometer nördlich von Hann. Münden der Bramwald. Am Turm der einstigen Bramburg zwischen Hemeln und Glashütte fällt der Blick auf die beiden romanischen Türme des Klosters Bursfelde. Im Raum der Stille erinnert ein Steinsarg an den Gründer Graf Heinrich von Northeim. Die ersten Mönche kamen vom nahen Kloster Corvey. Doch das einstige Zentrum der klösterlichen Reformbewegung im 15. Jahrhundert verfiel bald. In der Chronik hieß es: „Nur noch ein Mönch und eine Kuh.“ Seit 1828 führt immer ein Professor der Evangelischen Theologischen Fakultät der Universität Göttingen den Titel „Abt von Bursfelde“.

In dem Geistlichen Zentrum steht tagsüber die Kirche jedem offen (s. Special S. 27). Pilger machen hier Station, die einen Teil der 300 Kilometer von Loccum am Steinhuder Meer westlich von Hannover bis Volkenroda in Thüringen bewältigen wollen. Andere sitzen in der nahen Klosterschänke einfach nur am Ufer und schauen dem Fluss der Weser nach, die hier mit fast einem Meter pro Sekunde vorbeirauscht. Früher war das die „Autobahn des Mittelalters“ und durch Lastkähne hoch frequentiert.

Heute nutzen ein paar Kanuwanderer die Kraft des zum Meer fließenden Wassers. Bis zum nächsten Kloster, in Lippoldsberg gelegen, ist es nicht weit. Auch dort finden Pilger Platz. Der Bramwald dient Jägern als Revier und Holzfirmen als Quelle des Reichtums. Etwas weiter nördlich, in Bodenfelde, verwandelt ein Unternehmen Buchenholz zu Grillkohle und beliefert fast bundesweit die Freunde von Steak, Würstchen und anderem Gegrillten.

MÄRCHEN

Brüder Grimm im Gepäck

Von Dornröschen über Münchhausen bis zum Rattenfänger ist es nicht weit: immer an der Weser entlang. An dem Strom aufgereiht sind die Orte, in denen der Großteil deutscher Märchen spielt.

Wer mit Kindern reist, sollte ein paar Märchen auswendig lernen, sodass er sie unterwegs seinen Lieben ausdrucksstark präsentieren kann. Genau solche Darbietungen haben die Brüder Grimm auf ihren Wanderungen durch Nordhessen erlebt. Sie trafen auf Frauen und Männer, die sie als Zuträger ihrer Märchen öfter besuchten.

Auch Märchen wandern

Am bekanntesten ist die „Viehmännin", eine robuste Frau, die ein Wirtshaus bei Kassel betrieb (die „Knallhütte") und deren Vorfahren väterlicherseits Hugenotten waren. So stammten viele der „Grimmschen Kinder- und Hausmärchen" ursprünglich aus Frankreich, woher die Glaubensflüchtlinge kamen. Aus dem Märchen „La chatte blanche" wurde „Die weiße Katze". Im Deutschen Hugenottenmuseum in Bad Karlshafen steht sogar eine Büste, die an Dorothea Viehmann erinnert, die 1815 mit 60 Jahren starb. Eine andere gute Quelle für Märchen war Dorothea Wild, die Tochter eines aus der Schweiz zugezogenen Apothekers in Kassel. Wilhelm Grimm war verliebt in ihre Erzählungen – und auch in die Erzählerin, die er im Mai 1825 heiratete. Er hatte vier Kinder mit ihr.

Die Brüder Grimm, gelehrt und vielsprachig begabt, hatten die Gabe zuzuhören. So entstand ihr Sammelsurium an kuriosen Geschichten, die sie allerdings erst auf den Zeitgeist zuschusterten. So wurde bei „Hänsel und Gretel" aus der Mutter eine Stiefmutter. Es passte schließlich nicht ins Bild des vorwiegend bürgerlichen Publikums, dass eine Mutter ihr Kind verstößt. Es waren Lehrstücke, in denen Kinder oft ein unangemessen schweres Los traf. Die Eltern waren unumstößliche Herrscher, ihre Worte Gesetz. Um den schweren Strafen zu entgehen, konnten in den Märchen nur Feen, Zauberer oder Prinzen den Kindern helfen.

Rapunzel auf der Trendelburg?

Einer von ihnen küsste Dornröschen nach ihrem 100-jährigen Schlaf wach. Dass die Geschichte in der Sababurg des Reinhardswaldes spielt, ist der Phantasie der Einheimischen zu verdanken. Ähnlich geht es Rapunzel, die ihr langes Haar vom Turm der

Glücklich vereint: Dornröschen und ihr Prinz im Schloss Sababurg.

Märchendinner auf der Trendelburg (oben) und Märchen live im „Schneewittchendorf" Gieselwerder

Trendelburg etwas weiter westlich der Sababurg herunterließ. Hier lässt sich das Geschehen wenigstens noch vorstellen. Anderen Orten mangelt es an derartigem Lokalkolorit, was sie aber nicht gehindert hat, sich seit 1975 der Deutschen Märchenstraße anzuschließen. So schlängelt sich diese rund 600 Kilometer lange Route von Hanau, dem Geburtsort der Brüder Grimm, bis Bremerhaven und durchquert dabei auch das Weserbergland. Wenn etwa an der Schneewittchen-Stele in Gieselwerder oder beim „gestiefelten Kater" in Oedelsheim Zweifel aufkommen, ob hier diese Märchen wirklich ihren Ursprung hatten – gemach! Es sind Gesten an den Gast, sich an dieser Stelle einmal an die Sagen von gestern zu erinnern. Und wer fährt nicht einmal gern mit einer Märchenfähre, die bei Lippoldsberg am Seil langsam über die Weser gleitet?

Münchhausens Heimat

Bodenwerder an der Deutschen Märchenstraße hat es da viel einfacher. Dort wurde tatsächlich Carl Friedrich Hieronymus von Münchhausen geboren. Das war am 11. Mai 1720. Er arbeitete als Page im Schloss Bevern, ging später nach St. Petersburg und nahm an einem Feldzug gegen die Türken teil. Er lernte auch Katharina die Große kennen. Was er dann nach seiner Rückkehr ab 1751 in Bodenwerder und der weiteren Umgebung bei Festbanketten oder in seinem Gartenhäuschen an Anekdoten zum Besten gab, das war eine äußerst amüsante, unterhaltsame Mischung aus seinen Kriegserlebnissen und seiner Phantasie.

Unstrittig im Weserbergland verortet ist die Sage vom Rattenfänger von Hameln. Wie viel davon allerdings Dichtung und Wahrheit ist, bleibt rätselhaft (s. Special S. 69).

Fakten & Informationen

Märchen- und Wesersagenmuseum
Mi.–So. 10.00–12.00 und 14.00–17.00 Uhr
Am Kurpark 3, 32543 Bad Oeynhausen
Tel. 05731 14 34 10
www.maerchenmuseum.blogspot.de
Museum Hameln im Leisthaus mit „Rattentheater"
Di.–So. 11.00–18.00 Uhr
Osterstr. 8–9, 31785 Hameln, Tel. 05151 2 02 12 15
www.museum-hameln.de
Weitere Infos: www.deutsche-maerchenstrasse.de

Maßstab 1:200.000
0
2
4km
BRAKEL
BEVERUNGEN
Lauenförde
BAD KARLSHAFEN
USLAR
Bodenfelde
Wahlsburg
Oberweser
TRENDELBURG
BORGENTREICH
HOFGEISMAR
LIEBENAU
WARBURG
GREBENSTEIN
Reinhardshagen
HANN. MÜNDEN
IMMENHAUSEN
Calden
Espenau
Fuldatal
VELLMAR
ZIERENBERG
Ahnatal
KASSEL
Habichtswald
Breuna
WOLFHAGEN
Naturpark Habichtswald
Habichtswald
Schauenburg
BAUNATAL
NAUMBURG
Staufenberg
Niestetal
Kaufungen
Lohfelden
Fuldabrück
Helsa
Oberkaufungen
Deutsche Märchenstraße
Deutsche Fachwerkstraße
Weser
Diemel
Fulda
Staatsforst Gahrenberg
Reinhardswald
1
2
3
4
5

Fachwerk, Märchen und Wälder

Von Hann. Münden bis zur Hugenottenstadt Bad Karlshafen erlebt der Besucher eine packende Vielfalt an Kultur und Natur. Von Fachwerk- bis Barockhäusern, vom Urwald bis zu Märchenschlössern sowie Klöstern ist alles dabei.

1 Hann. Münden

Die Drei-Flüsse-Stadt (23 800 Einw.) ist ein **Fachwerkjuwel** TOPZIEL von europäischem Rang. Auf engstem Raum sind rund 700 sanierte Fachwerkhäuser, Welfenschloss und Weserrenaissance-Rathaus zu sehen.

SEHENSWERT
Das gotische **Rathaus** (14. Jh.) hat der Lemgoer Baumeister Georg Crossmann 1603–1618 zu einem der bedeutendsten Weserrenaissance-Häuser umgebaut. Die Schmuckfassade zum Rathausplatz mit Prunkportal und Glockenspiel (tgl. 12.00, 15.00, 17.00 Uhr) mit Figuren vom Wanderarzt Doktor Johannes Andreas Eisenbart (1663–1727) ist stilbildend. Das Sterbehaus des berühmten Doktors befindet sich in der Langen Str. 79. Die **St. Blasius-Kirche** (Kirchpl., Mai–Sept. tgl. 11.00–16.00 Uhr) geht auf eine romanische Basilika zurück. Am **Kirchplatz 4** (ehem. Küsterhaus) steht das älteste mit Datum versehene Fachwerkhaus Niedersachsens von 1457. An der Nordspitze der Fulda-Insel „Unterer Tanzwerder" markiert der 70 Zentner schwere **Weserstein** von 1899 den „Ursprung" der Weser. Die **Bronzeskulptur** „Die Schauende" des hiesigen Bildhauers Heinz Detlef Wüpper schaut auf die „kleine Weser" und steht an der Spitze von Wanfrieder und Kasseler Schlagd.

MUSEEN
Das **Städtische Museum** zeigt im **Welfenschloss** Schätze zur Stadt- und Kulturgeschichte. Die Wandmalereien in zwei Renaissancegemächern sind nur bei einer Führung zu sehen (Schlossplatz 5, Mai–Okt. Mi.–So. 11.00 bis 16.00, Nov.–April Mi.–So. 13.00–16.00 Uhr).

ERLEBEN
Samstags hält Dr. Eisenbart um 13.30 Uhr eine Sprechstunde ab (kostenlos im Rathaus). Von der westl. Altstadt führt ein Fußweg in 30 Min. auf die **Tillyschanze** (Gaststätte und Turm Mai–Okt. Di.–So. 10.00–20.00, Nov.–April Fr.–So. 11.00–20.00 Uhr, www.tillyschanze.de). Über die Alte Werrabrücke ist die **Weserliedanlage** in 15 Min. zu Fuß zu erreichen. Das **Römerlager Hedemünden** an der Werra, eine frührömische Befestigungsanlage zur Zeit um Christi Geburt, zeigt seltene Funde. Infotafeln und Audioguide erläutern alles.

Glockenspiel am Rathaus in Hann. Münden (l.); Blick ins Apothekenmuseum von Hofgeismar

HOTELS
Die € € **Alte Rathausschänke** im Fachwerkstil liegt zentral. Ziegelstr. 12, Tel. 05 54 1 88 66, www.hotel-rathausschaenke.de.
Moderne Nichtraucherzimmer an der Werra und ein Bio-Frühstück erwartet die Gäste im € € € **Biohotel Werratal**. Buschweg 40–42, OT Laubach, Tel. 05 54 1 99 80, www.biohotel-werratal.de.

RESTAURANTS
Am ehemaligen Altar, in der Sakristei oder im Kirchenschiff des € **Café Aegidius** schmecken Frühstück, kleine Speisen oder Kuchen himmlisch. Aegidiiplatz, Tel. 05 54 1 3 4766 88, April–Okt. tgl. 8.00–18.00 Uhr.
€ € **Restaurant Marktstube** bietet regionale Küche mit eigenen Fleisch- und Wurstspezialitäten. Lange Str. 29, Tel. 05 54 1 51 51, www.schumann-feinkost.de.

INFORMATION
Touristik Naturpark Münden, Rathaus
Lotzestr. 2, 34346 Hann. Münden
Tel. 05 54 1 7 53 13
www.hann.muenden-tourismus.de

2 Hofgeismar

Hofgeismar (15 200 Einw.) liegt am Rande des Reinhardswalds – einem idealen Revier für Radler und Wanderer.

SEHENSWERT
Das **Rathaus** im Stil der Weserrenaissance, die Altstädter und Neustädter **Pfarrkirchen** sowie die älteste erhaltene **Hugenottenkirche** von 1702 im Stadtteil Carlsdorf (3 km östl.) verleihen der früheren Kreisstadt ihren Charme.

MUSEEN
Das **Stadtmuseum** gehört zu den größten Regionalmuseen in Hessen (Mo., Di., Do. 10.00 bis 12.00, Mi. 15.00–18.00, Fr. 17.00–19.00, So.

11.00–13.00, 15.00–18.00 Uhr). Das **Apothekenmuseum** (Mi. und So. 15.00–18.00 Uhr, Tel. 05 67 1 99 92 22, Apothekenstr. 5) birgt eine komplette Einrichtung (Abb. S. 35).

UMGEBUNG

Das Dornröschenschloss **Sababurg** TOPZIEL (12 km östl.) wurde 1334 vom Mainzer Erzbischof zum Schutz der Pilger des Wallfahrtsortes Gottsbüren gebaut. Im 15. Jh. errichteten hessische Landgrafen auf den Ruinen ein Jagdschloss und nutzten es bis zum 18. Jh. für Feste. Außen sind Burggarten, Rosensammlung (Blüte Ende Mai–Mitte Juli) und ein Brüder-Grimm-Denkmal an Wochenenden zu besichtigen. Die Sababurg wird umfassend saniert und kann daher innen nicht betreten werden (www.sababurg.de). Der Tierpark der Burg mit seinen langen Eichenalleen, 1571 als Tiergarten angelegt, zeigt 80 Tierarten in fast freier Wildbahn auf 130 ha (April–Sept. tgl. 8.00–19.00, Okt. 9.00–18.00, Nov.–Febr. 10.00–16.00, März 9.00 bis 17.00 Uhr, Greifvogel-Flugschau März–Okt. tgl. außer Mo., www.tierpark-sababurg.de).

HOTEL / RESTAURANT

€ **Villa Dornröschen** liegt im historischen Kern Hofgeismars. Stilvolles Wohnen, modern eingerichtet. Durch LED-Technik werden im Haus atmosphärische Lichteffekte gesetzt. Farbestraße 10/Ecke Entengasse, 34369 Hofgeismar, Tel. 05 67 1 4 02 37, www.villadornroeschen.net

INFORMATION

Tourist-Info Märchenland Reinhardswald
Markt 5, 34369 Hofgeismar
Tel. 05 67 1 99 92 22
www.reinhardswald.de

Tipp

Auf der Märchenfähre

Eine Rundwanderung führt von Lippoldsberg flussaufwärts am östlichen Weserufer entlang und über die Brücke nach Gieselwerder. Von dort aus verläuft der Weg auf einem Teil des Kulturfernwanderwegs der Hugenotten und Waldenser (von der Dauphiné in Frankreich über Schaffhausen bis Bad Karlshafen). Der mit X 4 ausgeschilderte Panoramawanderweg bietet immer wieder wunderbare Weserblicke. Mit der Märchenfähre geht es bequem zurück nach Lippoldsberg.

INFORMATION

Einfache Wanderung
ca. 9 km, ca. 140 m Höhenunterschied, Dauer ca. 2,5 Std.
Märchenfähre: März–Okt. Mo.–Fr. 7.00–18.00, Sa., So. ab 8.00 Uhr

Trendelburg (o.), Eiche im Urwald Sababurg (o.r.), Bad Karlshafen, Gradierwerk (u.)

3 Trendelburg

Burg und Altstadt des Luftkurortes (4900 Einw.) überragen das Diemeltal. 1303 erstmals erwähnt, ist die mittelalterliche Stadtform bis heute erhalten.

SEHENSWERT

Um 1300 wurde die **Trendelburg** zum Schutz von zwei Handelswegen errichtet. Nach Bränden und Zerstörung im Dreißigjährigen Krieg gelangte sie 1901 in Privatbesitz. Seit 1996 wird sie als Hotel und Restaurant genutzt; der Burghof steht allen offen. Ein 10 m langer Zopf hängt aus dem Turmfenster und erinnert an Rapunzel. So. 15.00 Uhr (Mai–Sept.) liest Rapunzel das Märchen vor. In der **St. Marienkirche** (1462) sind die Wandmalereien freigelegt.

HOTEL / RESTAURANT

€ € € € **Burg Trendelburg** besitzt auch Zimmer mit Himmelbett. Auf der Burgterrasse und im Rittersaal wird gehobene Küche serviert (Märchendinner, Wellness-Oase). Steinweg 1, 34388 Trendelburg, Tel. 05 67 5 90 90, www.burg-hotel-tren delburg.com.

INFORMATION

Tourist-Information im Rathaus
Marktplatz 1, 34388 Trendelburg
Tel. 05 67 5 74 99-0 sowie 05671 99 92 22
Mai-Okt. zusätzl. Am Brunnen 6

4 Bad Karlshafen

Seit 1977 trägt das Soleheilbad (3600 Einw.) den Titel „Bad". Auf Sumpfgelände gründete Landgraf Carl 1699 für Hugenotten (protest. Glaubensflüchtlinge aus Frankreich) den Ort „Sieburg", der etwa 1715 in Carlshafen umbenannt wurde.

SEHENSWERT

Der im Barockstil erbaute **Stadtkern** ist ein Juwel. Das **Rathaus** mit Touristinformation befindet sich im früheren Pack- und Lagerhaus (1715–1718). Ohren spitzen: das Rathaus-Glockenspiel erklingt um 11.00, 15.00, 17.00 und 19.00 Uhr. Hafen und Schleuse waren der erste Teil eines Kanals, der nach Kassel führen sollte. Gebaut wurde 1713–1729 bis Schöneberg. Das **Pegelhäuschen** an der Weserpromenade erinnert an die Hochwasserstände.

MUSEUM

Das **Deutsche Hugenotten-Museum** gibt Einblick in die Verfolgung der französischen Glaubensflüchtlinge, die hier eine neue Heimat gefunden haben (Hafenplatz 9a, Mitte März bis Okt. Di.–Fr. 10.00–17.00, Sa., So. 11.00–18.00, Nov.–Mitte März Mo.–Fr. 9.00–12.00 Uhr, www.hugenottenmuseum.de).

ERLEBEN

Die Becken der **Weser-Therme** werden aus der Heilquelle aus 1150 m Tiefe gespeist. Zehn Saunen, darunter eine Bootssauna auf der Weser, locken (Kurpromenade 1, tgl. 9.00–22.00, Fr., Sa. bis 23.00 Uhr, www.wesertherme.de). Besten Blick bietet der **Hugenottenturm** auf dem 205 m hohen Kaiserstein.

HOTELS

Gasthof € € **Zum Landgrafen Carl** befindet sich zentral im ältesten Gebäude der Stadt und besitzt vier einfache Zimmer. Hafenplatz 2, Tel. 05 67 2 3 73, www.hotel-landgraf-carl.de.
Die Zimmer im Hotel-Restaurant € € € **Zum Weserdampfschiff** sind ruhig und stadtnah. Weserstr. 25, Tel. 05 67 2 24 25, www.zumweser dampfschiff.de.

RESTAURANT

Regionale Küche und Loungeatmosphäre bietet € € **Café-Bar-Restaurant Wesergarten**. Von der Sonnenterrasse aus blickt man auf die Weser. Weserstr. 35, Tel. 05 67 2 92 23 24, www.wesergarten.info.

UMGEBUNG

Würgassen (8 km westl.) ist vielen wegen des 1994 stillgelegten Atomkraftwerkes bekannt. Eine Gierseilfähre für Personen und Fahrräder pendelt nach Herstelle. Der **Weser-Skywalk** TOPZIEL ragt in 80 Metern Höhe als Aussichtsplattform mehr als vier Meter über die Hannoverschen Klippen. Zufahrt erfolgt von Bad Karlshafen, der Parkplatz ist 300 m entfernt. Von Würgassen führt ein Erlebnisweg auf einer Länge von rund 2 km zum Skywalk (www.weser-skywalk.de).

INFORMATION
Tourist-Information, Weserstraße 19, 34385 Bad Karlshafen, Tel. 05 67 29 22 61 40, www.bad-karlshafen-tourismus.de

5 Oberweser

Hübsch an der Weser gelegen haben sich sechs Orte zur Gemeinde Oberweser (3200 Einw.) zusammengeschlossen. In Gottstreu und Gewissenruh erinnern Inschriften in Fassadenbalken an die Waldenser, die die Orte im 17. Jh. gründeten. Oedelsheim und Gieselwerder liegen an der Deutschen Märchenstraße.

SEHENSWERT
OT Gieselwerder: Die **Schneewittchen-Stele** vor dem Rathaus (Brückenstr. 1) erinnert an das Märchen. Alles rund um Weberei zeigt das **Webereimuseum** im Weser-Diemelhaus. Vier Generationen Schneider lebten darin (Steinweg 2, So. 14.00–17.00 Uhr, www.weberei-museum-kircher.de). Die **Freilichtausstellung Mühlenplatz** zeigt berühmte Burgen, Schlösser und Wassermühlen im Miniaturformat (Mühlenplatz 10, April–Sept. Mo.–Fr. 12.00–18.00, Sa., So. ab 10.00 Uhr, www.muehlenplatz-gieselwerder.de). Das **Schiffermuseum** erläutert die Weserschifffahrt (In der Klappe 11, Mai–Sept. So. 14.00–17.00 Uhr).
OT Gottstreu: Das **Waldensermuseum** informiert über die einstigen Flüchtlinge (Waldenserstr., Mai–Sept. 1. u. 2. So. im Montat 15.00 bis 17.00 Uhr, www.waldenser-oberweser.de).

HOTELS / RESTAURANTS
€ € Hotel Kronenhof kann mit „Märchenzimmer“ und parkähnlichem Garten sowie regionaler Küche überzeugen. Bremer Str. 11, Oedelsheim, Tel. 05 57 4 9 58 30, www.kronenhof-oedelsheim.de.
€ € Zum Reinhardswald glänzt mit rustikal eingerichteten Zimmern, die Freundlichkeit ausstrahlen. Die überdachte Terrasse bietet einen zauberhaften Blick auf die Weser. Die Küche wird als hervorragend bewertet. Dorfstr. 20, Oberweser-Gewissenruh, Tel. 05 57 2 72 72.

UMGEBUNG
Der Luftkur- und Fachwerkort **Lippoldsberg** (2 km nördl.) an der Mündung der Schwülme wurde um 1055 vom Erzbistum Mainz gegründet. Die Klosterkirche St. Georg und Maria ist die erste vollständige romanische Gewölbe-Basilika in Norddeutschland (Klosterhof 10, 37194 Wahlsburg-Lippoldsberg, tgl. 9.00–18.00 Uhr, www.klosterkirche.de).

INFORMATION
Gemeinde Oberweser
Brückenstr. 1, 34399 Oberweser
Tel. 05 57 2 9 37 30, www.oberweser.de

Genießen Erleben Erfahren

DuMont Aktiv

Visite bei Rapunzel

Die leichte Halbtageswanderung führt zu zwei abenteuerlichen Kratern im Reinhardswald mit den merkwürdigen Namen „Nasser“ und „Trockener Wolkenbruch“. Kinder erleben hier Märchen hautnah, denn die Tour beginnt in der Sababurg, dem Dornröschenschloss, und endet in Trendelburg, wo Rapunzel ihr Haar herabließ.

Wer die Sababurg hinter sich gelassen hat, trifft auf den Tierpark, dann auf den Urwald. Über eine kleine Holzbrücke führt der Pfad nach rechts auf den Waldweg. Es kommt ein asphaltierter Weg, der in die Allee nach Beberbeck mündet. An der nächsten Kreuzung mit zwei Gebäuden geht es nach rechts. Der Reinhardswald-Westweg mündet in die Landstraße 55 nach Hofgeismar. Nach 500 m auf dem Grünstreifen führt der Weg rechts in den Wald Richtung Norden. In Exen geht es nach rechts.

Der „Nasse Wolkenbruch“, größter Erdfall-Trichter der Region, ist nach ca. 1 km erreicht. Ein Trampelpfad führt um den bewachsenen, wassergefüllten Krater. Hier soll die Riesin Trendula vom Blitz erschlagen worden sein, weil sie ihre Schwestern Saba und Brama gepiesackt hatte. Der Trichter entstand, als das Grundwasser in rund 1000 m Tiefe Salzgestein herauslöste, sodass der aufliegende Buntsandstein einstürzte. Nahebei liegt der kleinere Trichter namens „Trockener Wolkenbruch“, weil ohne Wasserfüllung. Von dort ist es nicht weit bis zu Rapunzel auf der Trendelburg, wo ein Restaurant und tolle Aussicht locken.

Weitere Informationen

- Route: 12,5 km, leichte Strecke, Gehdauer 3–4 Std. Start Sababurg, Ziel Trendelburg, ausgeschildert
- Einkehren: Trendelburg, s. S. 36
- Anfahrt: Bus 190 bis Sababurg, Bus 180 von Trendelburg nach Hofgeismar (Bahnhof). Weitere Bahnhöfe Bad Karlshafen und Hofgeismar-Hümm

Adlerfarn, hohe Eichen und abgestorbene Baumveteranen säumen den Weg. Solche märchenhaften Wanderungen begeistern auch Kinder.

Göttinger, Gräber und Gelehrte

Die mehr als 275 Jahre alte Universitätsstadt Göttingen mit ihrer stolzen Riege an Nobelpreisträgern ist ein Magnet der Region. Die Wissenschaft ist der erste Wirtschaftsfaktor. Die Gassen der Stadt sind einladend genug, um hier einzukaufen, Kultur zu tanken oder abzutanzen. Das Umland besticht durch Kleinode. Besonders Einbeck ist ein Fachwerktraum, der südliches Flair verbreitet.

Blickfang am Bahnhofsvorplatz von Göttingen: ein Pavillon mit Zipfelmütze

Göttingen steht ganz im Zeichen der Universität. Jede Studentengeneration bringt neuen Schwung in die ehrwürdigen Hörsäle, in denen viele spätere Nobelpreisträger die Ohren spitzten. Allseits beliebt: das Gänseliesel (oben links) und die Sommerfreuden auf Campus (oben rechts; unten links) und Flohmarkt.

Das Gänseliesel, Wahrzeichen der Stadt, ziert den Brunnen vor dem Alten Rathaus und schürzt die Bronzelippen zum Kuss für jeden frisch Promovierten.

Gastronomie

Special

Lieblingslokal

Wer ein gemütliches Lokal sucht und auf Tradition (seit 1883) setzt, findet bei Mutter Jütte sein Ideal. Vom Bauernfrühstück über Bratkartoffeln, Spargel bis zu Gänsebraten und Wildgerichten wird solide Kost im gepflegten Landhausstil serviert. Für viele ein Lieblingslokal seit Jahrzehnten. Man kann auch über Nacht bleiben.

GASTHAUS MUTTER JÜTTE
Heiligenstädter Straße 4
37130 Gleichen Bremke, Tel. 05592 12 22
www.gasthaus-juette.de

Ein frisch gebackener Doktor in Göttingen küsst das „Gänseliesel" am Brunnen vor dem Alten Rathaus. Das hat Tradition. Doch wen küsst die Doktorin? Zumindest bei den Naturwissenschaftlerinnen liegt der Fall klar: Sie küssen gleich zwei Männer – Wilhelm Weber und Carl Friedrich Gauß. Das Denkmal des Physikers und des Mathematikers, die in der Stadt forschten, steht auf dem südlichen Stadtwall an der Bürgerstraße. Nicht weit entfernt befindet sich auch Gaußens früherer Arbeitsplatz: Mit 30 Jahren wurde er zum Professor und Direktor der Sternwarte in Göttingen berufen. Das war 1807.

Gauß forschte geheim

Der auch als Astronom, Geodät und Physiker arbeitende Gauß veröffentlichte nur einen Bruchteil seiner Entdeckungen, was die Nachwelt erst erfuhr, als man 1898 sein Tagebuch fand. Die Gauß'sche Glockenkurve war auf den Zehn-DM-Banknoten zu sehen. 1855 starb der „König der Mathematiker" in Göttingen. Gaußtürme wie etwa auf dem Hohen Hagen bei Dransfeld – mit herrlicher Rundumsicht vom Café aus – erinnern an die Vermessung der Welt, die Gauß dort durch Dreiecksberechnungen begann (Triangulation). Das Museum in Dransfeld – rund 15 Kilometer westlich von Göttingen gelegen – würdigt das Werk des bedeutendsten deutschen Mathematikers.

Es hagelte Nobelpreise

Doch die Göttinger Universitätswelt ist voller berühmter Namen. Eine Vielzahl von Erinnerungstafeln schmückt die Häuser der Innenstadt. Hier wohnte Alexander von Humboldt, da Johann Wolfgang von Goethe, und dort lebten die Brüder Grimm. Robert Koch studierte hier Medizin. Allein acht Nobelpreisträger sind auf dem Stadtfriedhof bestattet. Zu ihnen gehören Otto Hahn, Max Born und Max Planck. Insgesamt 43 Nobelpreisträger, vornehmlich in Physik, waren oder sind mit Göttingen verbunden. Frauen hingegen hatten es auch in Göttingen schwer. Zwar promovierte Julia Lermontova bereits 1874 als erste Frau in Chemie. 1919 habilitierte sich Emmy Noether in Mathematik und wurde zur Wegbereiterin der modernen Algebra – eine bezahlte Anstellung aber erhielt sie nicht, ebenso wenig eine reguläre Professur. Heute sind 46 % der Lehrstühle mit Frauen besetzt.

Wissenschaft bringt Geld

Die heute rund 31 600 Studierenden und 471 Professoren prägen das Stadtbild. Allein die Studenten geben monatlich

Grafen, Herzöge, Erzbischöfe gingen auf Schloss Berlepsch ein und aus. Den Freunden dienten die dicken Mauern als Schutz, den Feinden als Drohung. Heute wird hier geheiratet und gefeiert.

Burg Plesse wird gerne die „Perle des Leinetals" genannt. Heute sind nur noch Teile erhalten, darunter Bergfried und der kleine Turm mit seinem restaurierten Treppenhaus. S. 43 zeigt einen Blick auf den kleinen Turm.

Burg Plesse: der 22 Meter hohe kleine Turm ragt über einem hellen Muschelkalkfelsen empor und erlaubt den Blick über die grüne, friedliche Landschaft bei Göttingen.

rund 13 Millionen Euro in der Region aus, wie das Studentenwerk vorrechnet. Mit ihren Zentren von der Raumfahrt bis zur Kultur ist die Wissenschaft der Wirtschaftsfaktor. Die Bibliothek mit 4,5 Millionen Bänden ist eine der größten Deutschlands. Viele Institute liegen verstreut in der Stadt ebenso wie die Studentenlokale.

Wer hier früher über die Stränge schlug, fand sich oftmals im Karzer wieder, der sich heute bei Führungen besichtigen lässt. Die Wandbemalungen sind sehenswert. Die Kneipenszene hat sich gewandelt. Vom traditionellen „Nörgelbuff“ über die „Sonderbar“ bis zum „Sechs-Millionen-Dollar-Club“ erstreckt sich das illustre Angebot. Wer etwas für Baumkuchen, Teegebäck und feine Torten übrig hat, findet sich in der Konditorei „Cron & Lanz“ wieder, die 1876 erstmals öffnete. Die Institution, was Süßes angeht, hat den Charme der alten Tage durchaus erhalten.

Tor zur Freiheit

Ähnlich verhält es sich mit dem Umland der Universitätsstadt. Die Burg Plesse gewährt einen fantastischen Blick ins Leinetal. Von Nörten-Hardenberg aus, wo auf Burg Hardenberg nicht nur häufig geheiratet wird, sondern wo beim Gräflichen Landsitz auch Golf- und Springreiterturniere veranstaltet werden, reicht die attraktive Freizeitzone im Westen in den Bramwald, im Osten bis Ebergötzen zu Wilhelm Busch und in den Südharz. Im Süden finden Kenner die katholische Enklave Eichsfeld, die sogar der Papst 2011 mit einem Besuch ehrte. Witzenhausen, mitten im größten und ältesten Kirschanbaugebiet Deutschlands gelegen, hat ein beachtetes völkerkundliches Museum sowie ein Gewächshaus für tropische Nutzpflanzen. Studenten der ökologischen Agrarwissenschaften sind dort aktiv. Nicht ganz so weit entfernt liegt Friedland mit dem einstigen Grenzdurchgangslager. Im Zentrum für Integration geht es heute um Themen wie Migration und Verständigung. Ein

Dieses Gebäude vergisst man nicht so leicht. Die mit Schiefer gedeckten Turmhelme geben dem Alten Rathaus in Einbeck sein charakteristisches Gepräge und bezeugen den einstigen Rang der alten Hansestadt.

Hier lebten Menschen mit richtig viel Geld – das unterstreichen die prächtigen Fachwerkhäuser von Einbeck. Vor allem Bier spülte Geld in die Kassen.

Beste Handwerkskunst: Blaudrucker in Einbeck arbeiten noch mit alten Modeln. Den Sprung in die Moderne haben die Bierbrauer geschafft. In Einbecker Braukesseln wurde übrigens erstmals „ainpöckisch bier" gebraut, später kurz „Bockbier" genannt.

neues Museum erinnert an die Zeit, als die Flüchtlinge, Vertriebene, Heimkehrer und Aussiedler aus dem Osten dort aus den Waggons stiegen. Es war für rund vier Millionen Menschen ein „Tor zur Freiheit".

Flair auf altem Pflaster

Eine besondere Hansestadt, rund 40 Kilometer nördlich von Göttingen gelegen, ist Einbeck. Viele denken vielleicht an die Biermarke, die die Kleinstadt weithin bekannt machte. Doch hat sich im Fachwerkidyll aus rund 400 Häusern der Innenstadt ein Flair entwickelt, das die Menschen in den Bann zieht. Wer vor dem Rathaus mit seinen drei eigenwilligen „Hütchen" steht, auf den Eulenspiegel-Brunnen schaut oder Ratsapotheke und Brodhaus aus dem 16. Jahrhundert bewundert, fühlt sich meist in eine frühere Zeit versetzt. Tatsächlich hat die Stadt bis heute so manche Tradition bewahrt. Dazu zählt der Blaudruck, der von einem ortsansässigen Handwerksbetrieb nun schon seit 1638 betrieben wird. Hunderte der sehr alten, hölzernen Druckmodel sind noch erhalten und zeigen, welche Stoffmuster über die Generationen hinweg in Mode waren.

Über den Marktplatz Richtung Lange Brücke zu schlendern, sich in die Balkeninschriften zu vertiefen, sich zu einem Cappuccino niederzulassen – das lässt die Stadt gemütlich und gemächlich erscheinen. Wer dann am 65 Meter hohen Turm der Marktkirche St. Jacobi hochblickt, muss kein Bier getrunken haben, um verblüfft zu sein über den schrägen Anblick. 1,53 Meter aus dem Lot ist der schiefe Turm tatsächlich.

Senf, Fahrräder und der PS.Speicher

Die Einbecker Senfmühle betont zwar ihre Tradition seit 1923, neu gegründet wurde sie erst im Jahr 2010. Es war sozusagen eine Schnapsidee von drei Bürgern der Stadt, die die in den 1960er-Jahren eingestellte Produktion wieder aufnahmen. „Das Schärfste am Norden", wie die ironische Werbung lautet, wird in Bioqualität geliefert und kommt als Küchen-, Kräuter-, Honig- oder Traubensenf ins Glas. Die neuesten Attraktionen der Stadt liegen auf einem anderen Gebiet – dem Verkehr. Das wohl modernste Fahrradmuseum Deutschlands ist im Stadtmuseum zu finden, in dem auch über Blaudruck, Bier und den Apotheker Friedrich Wilhelm Sertürner zu erfahren ist. Hochradfahren lässt sich dort (im Stand) einmal ausprobieren. Schlagzeilen macht der 2014 eröffnete „PS.Speicher". Das Verkehrsmuseum hat historische Fahr- und Motorräder sowie Autos aus den vergangenen 130 Jahren bieten. Eine Sammlung meist noch fahrbereiter Nutzfahrzeuge ergänzt das Angebot ebenso wie eine Sonderausstellung zum Thema Rennsport in einer angrenzenden Halle. Ein Rennsimulator lässt die Herzen höher schlagen.

Die alte Hansestadt Einbeck steht für Bier, Fachwerk und den „PS.Speicher".

Die in einem sanierten Kornspeicher von 1898 auf sechs Etagen eingerichtete Erlebnisausstellung hat schon mehrere Museumspreise eingeheimst. Im Zeittunnel geht es auch um die Zukunft des Verkehrs – ein spannender Ort für den Familienausflug.

Die attraktivsten Kurzwanderwege

Abseits des Trubels

Wandern im Weserbergland ist ein Klassiker. Aber hier sind sechs besonders reizvolle Tages- oder Halbtagestouren zu finden. Sie führen zu Naturschönheiten und reizvollen Aussichtspunkten.

1 Ith-Hils-Wanderweg

Über den Kamm des 22 km langen Ith zu laufen, bietet beste Ausblicke zu allen Seiten. Die fast 30 Meter hohen Lüerdissener Klippen sind zu bewundern, an denen oft Kletterer zu sehen sind. Eschershausen, wo Wilhelm Raabe geboren wurde, liegt genauso auf dem Weg wie Salzhemmendorf mit der Therme.

Der 80 km lange Rundweg lässt sich in Coppenbrügge beginnen oder auch im Örtchen Delligsen. In jedem Fall ist er mit seinen historischen Türmen, mystischen Felsen und weiten Seen eine Besonderheit im Weserbergland.

GPS-Tracks unter
www.ith-hils-weg.de

2 Der Mythenweg

Vermutlich ist er mit 5 km Länge der kürzeste Rundwanderweg im Weserbergland, aber er ist beliebt. Es geht westlich vom kleinen Ort Lügde bei Bad Pyrmont aus los. Der Weg führt um die Herlingsburg und widmet sich dann der Sage der weißen Jungfrau und der Hermann-Sage, die sich mit einem Zwergenvolk beschäftigt. Vorher aber am besten noch im Heimatmuseum umschauen. Dort kann sich der Wanderer mit den Mythen aber auch dem berühmtesten Sohn des Ortes vertraut machen, dem Kartografen und Mathematiker Johannes Michael Gigas. Er war der erste, der maßstabsgetreue Karten herstellte und sogar den Erdumfang recht genau berechnete – und das im 16. Jahrhundert.

Start Wanderparkplatz
Hermannstal
Eschenbrucher Str.
Auskunft: Tourist-Info
Am Markt 1
32676 Lügde
Tel. 05 28 1 77 08 70
www.luegde.de

3 Der Hansaweg

Selbst wer nur ein Stück des mehrfach prämierten Qualitätswanderwegs X 9 von Herford bis Hameln geht, wird begeistert sein. 35 % der Strecke besteht aus naturbelassenen Wegen. Sanfte Hügel, Wälder und Weitblicke wechseln. Kleine Dörfer liegen auf dem Weg. Ideale Einstiegspunkte sind: Bad Salzuflen, Lemgo, Dörentrup, Aerzen, Extertal und Hameln. Wer mag, übernachtet im Baumhaushotel (Foto). Es gibt sieben Stempelstellen, einen Wanderpass und eine Urkunde für den, der die 75 km geschafft hat.

Reiseberatung
Tel. 05 75 1 40 39 80
www.hansaweg.de

4 Weserhänge bei Höxter

Die Buchenwälder von Ziegen- und Brunsberg bei Höxter sind gerade im Frühjahr ein Erlebnis. Da blühen Schlüsselblumen und Seidelbast, da sind sogar Roßkümmel, Kronwicke und Heilwurz anzutreffen. Für die 10 km lange Strecke braucht man etwa vier Stunden Gehzeit, da es vom Wesertal auf ein 200 m höher gelegenes Plateau geht. Der Blick vom Rodeneckturm ist magisch, er liegt etwa 2 km südlich von Höxter.

Start am Parkplatz der Hochschule Ostwestfalen-Lippe, An der Wilhelmshöhe 44, 37671 Höxter (Richtung Lütmarsen, L 755)
www.teutonavigator.de

5 Im Hochsolling

Es geht auf einem 21 km langen Rundweg durch die Schönheiten des Hochsollings. Vom Dorfgemeinschaftshaus in Silberborn führt der Weg ins Hochmoor Mecklenbruch, durch den Hochwald und Mühlengrund zur Fohlenplackener Hütte bis Neuhaus. Der Wildpark liegt auf dem Weg. Am Aussichtsturm „Hochsolling" bietet sich aus 33 m Höhe ein guter Rundumblick bis zum Teutoburger Wald. Über den Panorama- und Anemonenweg geht es zurück nach Silberborn.

WildparkHaus
Wildpark 1
37603 Holzminden-Neuhaus
Tel. 05 53 6 10 11
www.hochsolling.de

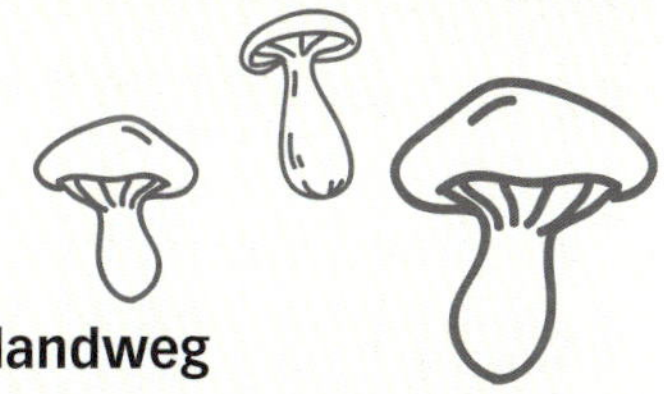

6 Der Märchenlandweg

Von den 21 Etappen des 400 km langen Weges bietet sich der Abschnitt von Sababurg bis Bad Karlshafen an. Es sind 13 km, die in etwa 4,5 Stunden zu schaffen sind und die über das Donnerbachtal, die Große Beckerseite, Gottsbüren mit der Wallfahrtskirche sowie die Krukenburg bis Bad Karlshafen führen. Der Weg ist zu jeder Jahreszeit herrlich, blütenvoll im Frühjahr, schattig im Sommer und Indian-Summer gefärbt im Herbst.

Routenverlauf unter www.egotrek.com/wanderkarten

ALFELD (Leine)
BOCKENEM
Delligsen
ESCHERSHAUSEN
Freden (Leine)
Lamspringe
SEESEN
STADTOLDENDORF
BAD GANDERSHEIM
Kreiensen
EINBECK
DASSEL
Kalefeld
BAD GRUND (Harz)
NORTHEIM
OSTERODE am Harz
MORINGEN
Katlenburg-Lindau
USLAR
HARDEGSEN
Nörten-Hardenberg
Gieboldehausen
Adelebsen
Bovenden
GÖTTINGEN
DRANSFELD
Rosdorf
DUDERSTADT
Gleichen
Deutsche Fachwerkstraße
Deutsche Alleenstraße
Deutsche Märchenstraße
Maßstab 1:220.000
0
2
4km
1
2
3
4
5

Weltkultur und Welt der Wissenschaft

Göttingen blickt auf mehr als 275 Jahre als weltbedeutender Ort für Wissenschaft zurück. Einbeck hingegen wirkt durch die besondere Atmosphäre aus Pflasterstein und Fachwerk. Und das Fagus-Werk in Alfeld, von Walter Gropius gebaut, zählt seit 2011 zum UNESCO-Weltkulturerbe.

1 Dransfeld

In Dransfeld (4300 Einw.), 960 erstmals erwähnt, dreht sich fast alles um den Göttinger Forscher Carl Friedrich Gauß (1777–1855): Mathematiker, Astronom, Geodät und Physiker.

MUSEUM

Im Gauß-Museum wird das Leben und Wirken von Carl Friedrich Gauß anschaulich. 1820 wurde Gauß beauftragt, das Königreich von Hannover zu vermessen und konstruierte den „Heliotrop", ein mit Sonnenspiegeln ausgestattetes Messinstrument (Lange Str. 27, Sa., Di. 10.00–12.00, Do. 16.00–18.00 Uhr).

ERLEBEN

Auf dem **Hohen Hagen** (480 m, 6 km südl.), einem der nördlichsten Vulkane Deutschlands, begann Gauß die Landvermessung. Sein „großes Dreieck" Hoher Hagen–Brocken–Großer Inselsberg (Thüringer Wald) war die Basis. Bis zu diesen „Eckpunkten" können Besucher vom rund 51 m hohen **Gaußturm** blicken (Betreten auf Anfrage, Tel. 05 50 2 21 47).

INFORMATION

Stadt Dransfeld
Kirchplatz 1, 37127 Dransfeld
Tel. 05 50 2 30 20, www.dransfeld.de

Tipp

Wilhelm Buschs Mühle

In Ebergötzen (15 km östl. von Göttingen) wuchs der Maler, Zeichner und Dichter Wilhelm Busch von seinem 10. Lebensjahr an bei seinem Onkel auf. Mit dem gleichaltrigen Sohn des Müllers nebenan eroberte Wilhelm Busch das Dorf. Die Abenteuer waren Grundlage für seine Bildergeschichten „Max und Moritz".

Mühlengasse 8, 37136 Ebergötzen
März–Nov. Di.–So. 10.30–13.00 und 14.00–16.30 Uhr
www.wilhelm-busch-muehle.de

2 Göttingen

Die Studentenstadt (120 000 Einw.) ist geprägt von Studentenflair, mittelalterlichen Kirchen und Bürgerhäusern. Die Blütezeit als Hansestadt (1351–1572) wird im Alten Rathaus in Wappen und Gemälden lebendig.

SEHENSWERT

Der **Marktplatz** vor dem Alten Rathaus (13. Jh.) ist mit den vielen Cafés sehr belebt. Hier steht auch das Wahrzeichen der Stadt: das „Gänseliesel". Es erinnert an Mädchen- und Frauenarbeit auf dem Markt. Vom „Vierkirchenblick" an der Ecke Markt/Kornmarkt sind die Kirchen St. Michael, St. Johannis, St. Jacobi (14./15. Jh.) und St. Albani (15. Jh.) zu sehen. Die klassizistische Aula am Wilhelmsplatz (1837) ist mit dem großen Festsaal ein zentrales Gebäude der Universität. Dort hängt auch ein Porträt von Kurfürst Georg August von Hannover, der 1737 die Universität gründete.
Der **Botanische Garten** entstand 1736, die **Orangerie** von 1857 steht heute unter Denkmalschutz. Die Viktoria Seerose, die nur an wenigen Sommernächten im Jahr blüht, gilt als Attraktion (Freigelände tgl. 8.00–18.30, historische Gewächshäuser bis 15.00 Uhr, Untere Karspüle). Fast 50 Jahre lang war die Sternwarte Wohn- und Arbeitsstätte des Mathematikers, Astronomen und Physikers Carl Friedrich Gauß. Nach Fertigstellung der Sternwarte (1816) lebte und forschte er hier bis zu seinem Tod (Besichtigung nur mit Führung, Geismar Landstr. 11, Tel. 05 51 3 91 06 23, www.uni-goettingen.de).

Blick aufs Deutsche Theater in Göttingen

MUSEEN

Im einzigen Adelspalais der Stadt (1592) ist eine Sammlung zur Stadtgeschichte zu sehen. Trotz laufender Sanierung sind Teile des **Städtischen Museums** geöffnet (Ritterplan 7/8, Di.–Fr. 10.00–17.00, Sa., So. 11.00–17.00 Uhr, www.museum.goettingen.de).
Das Accouchierhaus war 1790 die erste Universitäts-Entbindungsklinik im deutschsprachigen Raum. Heute zeigt hier das Musikwissenschaftliche Institut der Universität eine der größten **Musikinstrumentensammlungen** Deutschlands (Kurze-Geismar-Str. 1, Mo. 16.00 bis 18.00 Uhr und nach Vereinbarung).

ERLEBEN

Am **Kiessee** (2 km südl., Rundweg 2,5 km) können sich Spaziergänger, Jogger, Segler und Tretbootfahrer austoben.

VERANSTALTUNGEN
Seit 1920 wird jedes Jahr im Mai das älteste **Festival für Alte Musik** veranstaltet (www.haendel-festspiele.de). Im Oktober steigt der **Göttinger Literaturherbst** (www.literaturherbst.com). Das Göttinger **Jazz-Festival** läuft im November (www.jazzfestival-goettingen.de).

HOTEL / RESTAURANT
€ € € € Romantik Hotel Gebhards liegt zentrumsnah am Stadtwall. Die regionalen und intern. Speisen im „Georgia Augusta" sind beliebt, Goetheallee 22–23, Tel. 05 51 4 96 80, www.gebhardshotel.de.

RESTAURANTS
Im Familienbetrieb **€ € Kaffeehaus Cron & Lanz** werden seit 1876 Baumkuchen, feine Torten und Pralinen kredenzt. Weender Str. 25, Tel. 05 51 50 08 87 10, www.cronundlanz.de.
€ € Le Feu hat Flammkuchen in allen erdenklichen Varianten, und das schmackhaft. Von Kennern immer wieder gern besucht. Weender Landstraße 23, Tel. 05 51 37 06 17 70, www.lefeu.de
Viel Lob erntet auch das **€ € Timberjacks**. An den Weiden 3, Tel. 05 51 5 00 83 50, www.timberjacks.com. Leckere Steaks und Livemusik mit Stil.

Tipp

Fokus Mobilität

Als herausragender Erlebnisort zum Thema Geschichte und Zukunft des Straßenverkehrs hat sich der „PS.Speicher" in Einbeck etabliert. Der Reiz besteht im Mitmachen und Staunen. Eine beachtliche Sammlung alter Fahr- und Motorräder, Oldtimer und Nutzfahrzeuge liefert im restaurierten, fünfstöckigen Kornspeicher Anschauungsunterricht. Mit Oldtimer-Rallye im Juli.

PS.SPEICHER
Einbeck, Tiedexer Tor 3 (Zufahrt über Jahnstr.), Tel. 05 56 1 92 32 00
Di.–So. 10.00–18.00, Do bis 21.00,
Nov.–März Di.–Fr. 11.00–17.00,
Sa./So. 10.00–18.00 Uhr
www.ps-speicher.de

Das Fagus-Werk in Alfeld ist eines der ersten Gebäude im Bauhaus-Stil.

UMGEBUNG
Das Europäische Brotmuseum **Ebergötzen** zeigt die Entwicklung der Landwirtschaft und der Getreideverarbeitung aus 8000 Jahren. Es verfügt über ein großes Außengelände mit Maschinen, Mühlen und Wasserburgturm (Göttinger Str. 7, Di.–Sa. 9.30–16.30, So. 9.30–17.00 Uhr, Tel. 05 50 7 99 94 98, www.brotmuseum.de). Die **Burg Plesse** (11. Jh., 9 km nördl.) wird die „Perle des Leinetales" genannt. Die Aussicht von dort oben aufs Umland ist herausragend.

INFORMATION
Tourist-Information Göttingen
Altes Rathaus, Markt 9
37073 Göttingen
Tel. 05 51 49 98 00
www.goettingen-tourismus.de

3 Nörten-Hardenberg

Im Jahr 995 erstmals erwähnt, ist der Ort (8100 Einw.) eng mit der Geschichte der Familie von Hardenberg verknüpft.

SEHENSWERT
Vor mehr als 1000 Jahren ließ der Erzbischof von Mainz die **Festung** errichten. Um 1400 gelangte sie in den Besitz der Grafen von Hardenberg. 1698 brach sie in einem Gewitter zusammen. Die Familie ließ unterhalb der Ruine ein neues **Schloss** errichten. Der frühromantische Dichter Georg Philipp Friedrich Freiherr von Hardenberg, bekannt als Novalis (1772–1801), stammt von hier.

VERANSTALTUNG
Seit mehr als 50 Jahren trifft sich im Mai die internationale Springreiterelite zum **Burgturnier** (www.der-hardenberg.com).

HOTEL / RESTAURANT
Ob Suite oder Doppelzimmer, im **€ € € € Hardenberg BurgHotel und Restaurants** bettet der Gast sich herrschaftlich. Das nach dem frühromantischen Dichter Novalis benannte Gourmetrestaurant kredenzt französische Küche auf hohem Niveau. Die Keilerschänke serviert Wildgerichte aus eigener Jagd. Hinterhaus 11A, 37176 Nörten-Hardenberg, Tel. 05 50 3 98 10, www. burghotel-hardenberg.de.

INFORMATION
Flecken Nörten-Hardenberg, Burgstr. 2, 37176 Nörten-Hardenberg, Tel. 05 50 3 80 80
www.noerten-hardenberg.de

4 Einbeck

150 bestens erhaltene Fachwerkhäuser zeugen vom einstigen Reichtum der Bier- und Fachwerkstadt (30 900 Einw.).

SEHENSWERT
Die markantesten Bauwerke rund um den Marktplatz sind das **Rathaus** (1540), das **Brodhaus** (1552, einst das Gildehaus der Bäcker), die Rats-Apotheke (1590) und die **Marktkirche St. Jacobi** (13. Jh.). In der Tiedexer Str. stehen viele Fachwerkhäuser aus dem 16. Jh. Das **Eickesche Haus** (Marktstr. 13) glänzt mit Renaissance-Fachwerkschnitzerei. Seit 1638 werden Decken und Läufer im Einbecker Blaudruck handgefertigt (Möncheplatz 4, www.einbecker-blaudruck.de). 700 Brauherren gab es im 14. Jh. in Einbeck; farbenprächtige Gebäude mit **rundbogigen Toreinfahrten** zeugen heute noch davon. Die **Einbecker Senfmühle** ist nach Voranmeldung zu besichtigen, der Verkaufsraum Di.–Fr. 10.00–17.00, Mi. u. Sa bis 13 Uhr geöffnet (Knochenhauerstr. 26–28, Tel. 05 56 1 97 16 73, www.einbeckersenf.de). Im **Stadtmuseum** wird Wissenswertes zu Bier, Blaudruck und dem Apotheker und Pharmazeuten Friedrich Wilhelm Sertürner (1783 bis 1841) gezeigt, der das Morphium entdeckte. Das angeschlossene **RadHaus** ist das modernste Museum zum Thema Fahrräder in Deutschland (Auf dem Steinwege 11/13, Di. bis So. 11.00–16.00 Uhr, www.stadtmuseum-einbeck.de).

ERLEBEN
1521 sagte Martin Luther: „Der beste Trank den einer kennt, wird Einbecker Bier genennt". Eine ca. dreistündige Besichtigung der **Einbecker Brauhaus** AG ist nach Voranmeldung möglich (Mo.–Do. 14.00 Uhr, Papenstr. 4–7, www.einbecker.de).

HOTEL / RESTAURANT
Der **€ € Schwan**, ein familiäres Hotel in der „Fachwerkstraße" mit modernen Zimmern, bietet saisonale Küche mit Anleihen aus Asien

und Italien. Tiedexer Str. 1, Tel. 05 56 1 46 09, www.schwan-einbeck.de.

INFORMATION
Tourist-Information Einbeck, Eickesches Haus, Marktstraße 13/15, 37574 Einbeck, Tel. 05 56 1 313 19 10, www.einbeck.de

5 Alfeld (Leine)

Die Industriestadt im Leinebergland (18 800 Einw.) hat einen hübschen Marktplatz und ein überragendes Weltkulturerbe.

SEHENSWERT
Das ab 1911 von Walter Gropius (1883–1969) errichtete **Fagus-Werk** gilt als Geburtsort des Bauhausstils und zählt seit 2011 zum Weltkulturerbe der UNESCO. Das unter Denkmalschutz stehende Firmengebäude erfüllt „als ideal angelegte Fabrik mit viel Licht für die Arbeiter" noch immer seinen Zweck als Schuhleistenfabrik. Auf rund 3000 m² werden im ehemaligen Lagerhaus Infos zur Firmengeschichte und über Walter Gropius gegeben. Auch Originalmöbel aus der Dessauer Werkstatt und eine Schuhausstellung mit 150 Einzelmodellen sind zu sehen. Neu ist eine „Waldetage" für Kinder (Hannoversche Str. 58, Apr. bis Okt. tgl. 10.00 bis 17.00, Nov.–März bis 16.00, Café Mo.–Fr. 8.15–14.00, Sa./So. 11.00–17.00, Nov.–März 13.30–16.30 Uhr, www.fagus-werk.com). Das **Rathaus** wurde 1586 im Weser-Renaissancestil umgebaut. In der gotischen Hallenkirche **St.-Nicolai** (Am Mönchehof 2) sind noch Teile der ursprünglich romanischen Anlage sichtbar.

MUSEEN
Im Renaissancebau der Lateinschule, im **Stadtmuseum**, wird die Ur- und Frühgeschichte Alfelds und des Leinetals präsentiert. Nebenan zeigt das Tiermuseum 100 Tierarten aller Kontinente (Am Kirchhof 4/5, Di.–Fr. 10.00 bis 12.00 und 15.00–17.00, Sa. 10.00–12.00, So. 10.00–12.00, Mai–Sept. auch 15.00–17.00 Uhr). Das **Schnarchmuseum** zeigt Kurioses rund ums Schnarchen (Warnetalstr. 10, Mi., Sa., So., 15.00–18.00 Uhr, Tel. 05 18 1 82 91 87, www.schnarchmuseum.de)

VERANSTALTUNG
Ende Juli/Anfang August finden die **Fredener Musiktage** statt (www.fredener-musiktage.de)

UMGEBUNG
Im „Glasmacherort" **Grünenplan** (8 km südwestl.) zeigt das Erich-Mäder-Glasmuseum europäische Glasgeschichte und Funde von Glashütten im Hils ab dem 11. Jh. (Am Park 2, März bis Okt. So. 14.00–17.00 Uhr). Das Glasmacherhaus widmet sich der Grünenplaner Glashütte (Kirchtalstr. 13, April–Okt. So. 14.00–17.00 Uhr, www.delligsen.de).

INFORMATION
Touristinformation im Bürgeramt
Marktplatz 12, 31061 Alfeld (Leine)
Tel. 05 18 1 70 31 11, www.alfeld.de

Genießen Erleben Erfahren

DuMont Aktiv

Einlochen ohne Handicap

Wer in Hardenberg spielt, erlebt einen der Top-Plätze, was Landschaft und Raffinesse angeht. Obstwiesen und ein Steinbruch wurden in die naturnahe Anlage integriert. Schon die Schnupperstunde macht Spaß.

Das „kurioseste Grün Deutschlands" bietet sogar eine künstliche Halbinsel in Form eines Hardenberg'schen Keilerkopfes, Wappentier der Grafen von Hardenberg. Der 18-Loch-Platz gehört zu einem der schönsten in Norddeutschland und wurde mehrfach ausgezeichnet. Für Anfänger sind 50 Minuten Schnuppern sogar kostenlos möglich. Ohne Handicap heißt hier zudem auch „barrierefrei": Golflehrer Stefan Quirmbach bietet auch Menschen mit körperlicher Mobilitätseinschränkung Zugang zum Golfen.

Golfen für Jedermann auf dem „Public Course", der sich ohne Mitgliedschaft im Club spielen lässt, bietet einen guten Einstieg. Sechs Löcher sind zu spielen. Sie liefern schon einen Vorgeschmack auf die 18 Löcher, die sogar durch einen Steinbruch führen. Die Spielgebühr liegt bei 18 € am Tag. „Da bin ich frei vom Handicap", lacht einer der Studenten, die aus Göttingen hierher kommen, um ihre Abschläge zu üben. Weit ist aber der Weg zum jährlichen Golf Marathon im Juli. Dann werden auf drei Plätzen alle 42 Löcher des Hardenberg GolfResorts gespielt. „Schönes Spiel" – wie die Golfer sagen.

Weitere Informationen

• **Kontakt:**
Hardenberg Golf Resort
Gut Levershausen, 37154 Northeim
Servicecenter und Golfshop
Mi., Fr.–So. 9.00–18.00 Uhr
Tel. 05 55 1 9 08 38 12
www.gchardenberg.de

• **Preise:**
Gebühren für Nichtmitglieder:
Pro Runde 10 € (Schüler und Studenten bis 27 Jahre 5 €), pro Tag 18 € (8 €)
Golfschläger und Bälle können mitgebracht werden; Leihschläger mit Bag 10 €, 30 Übungsbälle 3 €

Die richtige Haltung macht's. An ihrem Handicap arbeiten im Hardenberg Golf Resort Könner und Anfänger gleichermaßen.

ONLY

Süßes Nichtstun

Baumhäuser, Klimaturm und Erlebniswald – der Solling bietet besonders für Familien reichhaltige Angebote. Blicke auf die Weser sind von der Porzellanmanufaktur Fürstenberg grandios. Höxter und das Weltkulturerbe-Kloster Corvey sind das Tor zur ostwestfälischen Welt, die sich ebenfalls traumhaft darbietet. Wer einfach nur seinen Träumen nachhängen will, legt sich ans Flussufer und tut – gar nichts.

Ruhig strömt die Weser dahin. Als höchstes Gebäude überragt Burg Herstelle den gleichnamigen Ortsteil der Stadt Beverungen.

Elegant windet sich die Weser nördlich von Bevern durchs Land und präsentiert sich als ideales Revier für Touren mit Boot und Kanu.

War da was? Wölfe spitzen die Ohren. Auf die Jagd muss das Rudel allerdings nicht gehen. Fürs Sattwerden sorgen die Mitarbeiter des Wildparks Neuhaus bei Holzminden.

Den Bäumen ganz nah kommen die Gäste des Baumhaushotels.

Wenn im September und Oktober die Nächte kalt werden, beginnt die Hirschbrunft. Das Röhren der Hirsche ist kaum zu überhören.

Wetterwandel und Waldsterben werden im Solling schon seit mehr als 40 Jahren wissenschaftlich untersucht.

Der Aufstieg ist beschwerlich. Holztreppe fügt sich an Holztreppe. Endlich, in 40 Metern Höhe, kommt die Belohnung: der Ausblick ist phänomenal. Wer oben auf dem Klimaturm im Erlebniswald in Schönhagen steht, ist dem Himmel nah. Kurz darunter breiten sich Hügelketten aus, blühen Felder, wölben sich Baumkronen. Ein Bächlein schlängelt sich durch die Wiesen. Es ist die Ahle auf dem Weg in die Schwülme. Weidenbäume stehen Spalier. Der Blick nach unten endet in einer gläsernen Halbkugel, in der es um Wissenschaft und Klima geht. Wetterwandel und Waldsterben werden im Solling schon seit mehr als 40 Jahren wissenschaftlich untersucht. Im Erlebniswald sind die Geheimnisse des Waldes in Stationen kinderleicht zu entschlüsseln.

Trend zum Baumhaus

Bevor der Besucher den ökologischen Badesee am Campingplatz erreicht, stutzt er möglicherweise. In Sichtweite einer einsamen Sonnenterrasse am Waldrand winden sich Baumzelte und neun Baumhäuser ins Blattgrün. Ein Konferenzwagen aus Holz ziert die Wiese. Im Herzen der Natur zu wohnen, abseits von Beton und Plastik, scheint ein wachsender Freizeittrend zu sein.

Der gesamte Naturpark Solling-Vogler mit 520 Quadratkilometern ist so groß wie der Bodensee. Es herrscht ein Buchen-Fichten-Mischwald vor, in denen sogar die selten gewordenen Wildkatzen leben. Der Tierpark Neuhaus präsentiert 300 einheimische Tierarten naturnah. Die Hirschbrunft im Herbst zählt zu den besonderen Attraktionen. Wanderer streifen durch das riesige Areal. Vereinzelt stehen Türme dort zur besseren Fernsicht. Im Mecklenbruch, einem der am besten erhaltenen Hochmoore in Niedersachsens Bergen, braucht man hingegen kein Fernglas. Sobald die Sonne den Morgennebel auflöst, sind der winzig kleine, fleischfressende Sonnentau, die Waldeidechsen und Libellen aus der Nähe zu bewundern.

Die Porzellanmanufaktur

An den westlichen Rändern des Sollings reihen sich von Beverungen bis Bevern die Kronjuwelen des Weserberglandes auf, darunter Fürstenberg. In diesem Jagdschloss 80 Meter über der Weser gründete Herzog Carl I. von Braunschweig 1747 eine Porzellanmanufaktur. Sie steht heute an der europäischen Spitze, was Design und handwerkliches Können betrifft. Ein Gang durch die Etagen mit Tausenden Beispielen dieser Kunst vom Rokoko bis heute führt

1747 kam Herzog Carl I. von Braunschweig auf die Idee, eine Porzellanmanufaktur zu gründen. Diese hat im Jagdschloss Fürstenberg (unten rechts) ihren Sitz. Beim Rundgang durch die Schauräume (oben) können sich Besucher davon überzeugen, dass das Porzellan so zart und fein wie eh und je ist.

Die schlichte St. Nikolaikirche an der Marktstraße in Höxter wird umgeben von reich dekorierten Gebäuden im Stil der Weserrenaissance.

Special

Die Nasen von Holzminden

Echt dufte!

An 18 Duftstationen kann sich der Besucher durch die Innenstadt schnuppern. Firma Symrise beliefert von Holzminden aus die halbe Welt mit Düften und Aromen.

Schon 1874 fanden in Holzminden zwei Chemiker heraus, wie sich Vanille-Geschmack künstlich herstellen lässt. Wilhelm Haarmann und Prof. Ferdinand Tiemann gewannen das Vanillin aus dem Rindensaft von Fichten. Damit begann der Aufbau einer Duft- und Aromaherstellung. Heute gehört das Unternehmen Symrise zu den weltweit größten der Branche. Geschmackstoffe, Parfums, Düfte aller Art – sie werden in Holzminden hergestellt und gelangen in Alltagsprodukte wie Zahncreme, Duschlotion oder Waschmittel. Viele Lebensmittel werden durch Holzmindener Aromen geschmacklich betont.

Der Besucher kann ganz einfach in die „Welt der großen Nasen", wie die Createure von Aromen oft genannt werden, eintauchen. Er begibt sich auf einen Spaziergang zu den in der Stadt aufgestellten Duftstelen, hebt einen Ring hoch und schon wabert zum Beispiel Fliederduft in seine Nase. Dieser wird künstlich erzeugt, von der Firma Symrise, denn den „echten" Geruch kann man aus den Pflanzen leider nicht gewinnen. Weitere Düfte sind u.a.: Hyazinthe, Weihrauch, Lavendel und Patchouli. Eine betörende Stadt!

Einmal schnuppern, bitte!

schließlich zu einer „wall of fame". Dort haben im Jahr 2000 berühmte Hände ihren Abdruck im Porzellan hinterlassen, darunter Kofi Annan, früher Generalsekretär der Vereinten Nationen, Boxer Vitali Klitschko und Beatrix, ehemalige Königin der Niederlande. Selbst die Griffe der Toilettentüren sind hier aus edlem, weißen Porzellan mit dunkelblauem Strich geformt worden. Das blaue „F" scheint weltweit weiterhin begehrt zu sein. Allein der hohe Zulauf beim Werksverkauf nebenan unterstreicht das.

Besuch in Höxter

Die östlichste Stadt Nordrhein-Westfalens ist mit ihren reich verzierten Fachwerkhäusern das Eingangstor zu einer beachtlichen Kloster- und Kulturregion. Somit bildet Höxter auch den idealen Beginn einer 185 Kilometer langen Radrundtour, der Kloster-Garten-Route. Sie verbindet landschaftliche Feinheiten wie das Eggegebirge oder die Warburger Börde mit klösterlichem Leben und dem Blick in frisch angelegte Gärten. Auch Corvey, die Urzelle aller Klöster der Region aus dem Jahr 822, in dem schon Kaiser mit den Reichsfürsten tagten, zählt zu den Stationen. Mit dem fast vollständig erhaltenen karolingischen Westwerk und der 75 000 Bände um-

Reichsabtei Corvey: Blick auf das karolingische Westwerk (9. Jh.) mit Doppelturmanlage (12. Jh.); unten: Toranlage des zum Wohnschloss umgebauten Teils (19. Jh.)

Bis ins 13. Jh. war die Reichsabtei Corvey ein Zentrum der Macht im Frankenreich. Der reich stuckierte Kaisersaal bietet einen angemessenen Rahmen für die Corveyer Musikwochen.

Blick in die ehemalige Abteikirche von Corvey. Das im Verhältnis schlichte Kreuzrippengewölbe spannt sich über eine barocke Ausstattung mit verschlungenen Schnitzereien, prächtig vergoldeten und bemalten Figuren und Altären.

fassenden Bibliothek, in der Hoffmann von Fallersleben schrieb und sammelte, reihte sich die einstige Benediktinerabtei 2014 in die Liste des UNESCO-Weltkulturerbes ein.

Sandkiste am Ufer

Nur ein paar Kilometer die Weser hinab lässt sich im Sommer unter den Platanen am Brunnen auf dem Holzmindener Marktplatz mediterranes Flair schnuppern. Eiscafés bewirten ihre Gäste im Freien. Radfahrer legen einen Zwischenstopp am Weserradweg ein. Die Stadt steht im Zeichen der Düfte und Aromen (siehe Special S. 57). Eine riesige Sandkiste am Weserufer lädt zum Spielen ein. Unterhalb des Turmes der Jugendherberge findet jeden Sommer eine Hafenbar in Schiffsform ihren Platz. Mit den prachtvollen Ziergiebeln am vierflügeligen Schloss Bevern endet dieser Abschnitt. Die nächtlichen Illuminationen machen das Hauptwerk der Weserrenaissance unvergessen.

Beste „Tonkunst"

Am östlichen Rand des Sollings sticht ein Ort hervor: Fredelsloh. Das Töpferdorf fügt sich mit Brennöfen und dem neuen „Keramik.um" neben der Klosterkirche als einmaligem Vorführhaus für die „Tonkunst" der Jahrhunderte nahtlos in die Waldwelt ein. Seit dem Jahr 1100 ist sie besiedelt. Ein Pilger entdeckte in der Nähe den oberflächennahen Ton. Eindrucksvoll wird in Filmen des „Keramik.ums" erläutert, wie viele Schalen ein Töpfer pro Stunde fertigen kann: mit der Hand auf der fußgetriebenen Drehscheibe 24, bei einer elektrisch betriebenen 32 und im Industrieverfahren 300. Töpfer, denen man bei der Arbeit zusehen kann, erklären auch, wie aus dem Scherzbierkrug von 1911 zu trinken ist. Er hat am Rand mehrere Reihen mit Löchern, aus denen beim Kippen sich der Inhalt über den Trinkenden ergießt. Doch ein Loch gibt es, das zu einer Art Strohhalm führt – nur so lässt sich das Bier heraussaugen.

WESERSCHIFFFAHRT

Romantik am Fluss

Binnenfrachter auf der Oberweser haben langsam ausgedient. Personenschiffe, Kanus und Flöße bestimmen das Bild. Doch wer auf einer Gierseilfähre steht, die noch die Kraft des Wassers nutzt, ist der einstigen Flussromantik schon recht nahe.

„Ich hatte neulich Traktoren an Bord", sagt der Kapitän der Gierseilfähre in Lippoldsberg, „die waren älter als ich." Der Rentner verbringt seit Jahren seine Tage an der frischen Luft auf seiner Fähre, bei Sonne und Regen. Manchmal liest er ein Buch, wenn niemand die Weser in diesem eigenartigen Gefährt überqueren mag. Es hängt mit jeweils einem Seil an Bug und Heck an einem Drahtseil, das oben über den Fluss gespannt ist. Stellt der Kapitän die Längen der beiden Seile anders ein, dreht sich der Bootskörper zur Strömung, die Fähre gewinnt an Fahrt. Da sie aber oben am Querseil hängt, treibt sie nicht flussabwärts, sondern zum anderen Ufer. Solche umweltfreundlichen Fähren werden noch an mehreren Stellen der Weser, wie etwa in Polle, als Relikt aus einer vorindustriellen Zeit betrieben.

Der Fluss als Verkehrsader

Seit der römischen Kaiserzeit dient die Weser als Verkehrsader. Anfangs mit dem Einbaum, später mit Floß (ab dem 13. Jahrhundert) und Flachkahn (ab dem 17. Jahrhundert) wurden schwere Lasten verfrachtet. Binnenfrachter befahren heute die Oberweser kaum noch – „Wassertourismus" mit Kanus und Flößen bestimmt das Bild. Die Transportkähne haben weitgehend ausgedient.

Spaß für Touristen

Seit 1883 sind die weißen Weserschiffe im Sommer regelmäßig im Einsatz. Damals wurde in Hameln die „Oberweser Dampfschiffahrt GmbH" gegründet. Bis zum Ersten Weltkrieg erlebten die Personenschiffe eine Blüte mit ihren Salondampfern. Oft schallte fröhliche Musik von Bord an die Ufer; das ist auch heute noch so. Party-Fahrten sind wieder beliebt. Radfahrer schieben ihre Zweiräder an Bord und verkürzen oder verlängern so ihren Ausflug. Andere steigen auf Hydrobikes und lassen sich treiben.

Am beliebtesten aber sind bei den Touristen die Kanus. Viele Kanuten legen an Grill- und bei Campingplätzen an oder bauen gemeinsam ein Floß, um damit alte Flussromantik zu spüren.

Muntere Floßfahrten in Gesellschaft haben auf der Weser mittlerweile Konjunktur.

Treiben lassen heißt die Devise. Sei es mit der Gierseilfähre in Wahmbeck oder in Polle (großes Bild links).

Fakten & Informationen

Linien- und Partyfahrten:
Flotte Weser
Hameln, Tel. 05151 93 99 99
www.flotte-weser.de

Floß bauen und fahren:
Kanutouristik „Weser-Erlebnis"
Bodenwerder, Tel. 05533 40 84 64
www.weser-erlebnis.de

Gierseilfähren:
Mai–Sept.: Wahmbeck, Lippoldsberg, Herstelle, Wehrden, Oedelsheim und Emmerthal
Ganzjährig: Weserfähre in Polle

Aerzen
Emmerthal
BAD PYRMONT
LÜGDE
Hehlen
BODEN-WERDER
Duingen
ESCHERS-HAUSEN
Naturpark
STADTOLDENDORF
Bevern
HOLZMINDEN
DASSEL
SCHWALENBERG
MARIEN-MÜNSTER
HÖXTER
Solling
Vogler
Boffzen
Fürstenberg
BEVERUNGEN
Lauenförde
BAD KARLS-HAFEN
Bodenfelde
USLAR
Wahlsburg
TRENDEL-BURG
BORGEN-TREICH
Adelebsen
Deutsche Märchenstraße
Weser
Maßstab 1:200.000
0
4km
1
2
3
4
5
6

Kultur und Natur eng verzahnt

Weserschleifen, sanfte Anhöhen und die Wälder im Solling liefern die Kulisse. Zusätzlich zum Naturerleben strahlen die Fachwerkstädte Höxter, Holzminden, Beverungen und Uslar, dazu locken Corvey und Bevern.

1 Beverungen

Beverungen (6500 Einw.) liegt im Dreiländereck von Nordrhein-Westfalen, Niedersachsen und Hessen. Zusammen mit Lauenförde auf der anderen Weserseite ist es Karnevalshochburg.

SEHENSWERT

Von der **Burg** an der Weser steht noch der Wohnturm. Restaurierte Fachwerkhäuser aus dem 17. Jh. wie das **Cordt-Holstein-Haus**, das **Rathaus**, das **Alte Fährhaus** und der **Michaelsbrunnen** sind hübsch anzuschauen.

Tipp

Bäume erleben

Auf dem Naturlehrpfad (2 Std.) im ErlebnisWald Schönhagen (9 km nordwestl. von Uslar) erläutern zehn interessant gestaltete Stationen Wissenswertes zum Thema „Mensch-Wald-Kultur“. Vom 40 Meter hohen Klimaturm, der als meteorologische Messstation dient und über das Baumwachstum informiert, schweift der Blick über Ahletal und Solling. Nebenan lässt sich im Baumhaushotel Solling übernachten (siehe Uslar / Hotels).

ERLEBNISWALD SCHÖNHAGEN
ganzjährig geöffnet
www.erlebniswald.de

Die kath. Pfarrkirche **St.-Johannes-der-Täufer** wurde 1698 im Barockstil erbaut. Die **Kloster-Garten-Route** führt von Beverungen über Bad Karlshafen und Warburg bis Höxter: Auf 185 ausgeschilderten Kilometern gelangen Radfahrer zu blühenden Gärten, kulturellen Höhepunkten und durch herrliche Natur (Streckeninfos unter www.kulturland.org).

UMGEBUNG

Herstelle (6 km südöstl.) wurde 797 von Karl dem Großen gegründet. In der Benediktinerinnenabtei vom Heiligen Kreuz leben und arbeiten 40 Nonnen. Klosterladen mit Keramik aus eigener Werkstatt (Carolus-Magnus-Str. 9, Klosterladen Mo.–Fr. 10.00–12.30, 14.30–17.30, Sa. ab 9.00 Uhr, www.abtei-herstelle.de). Interessant ist auch das Korbmachermuseum in **Dalhausen** (7 km südwestl., Lange Reihe 23, April–Okt. Di.–Fr. 14.00–17.00, Sa., So., Fei. 10.00–12.30, 14.00–17.00 Uhr, www.korbmacher-museum.de). Ca. 4,5 km von Beverungen entfernt liegt der **Weser-Skywalk** TOPZIEL (s. S. 36).

INFORMATION

Tourist Information
Weserstr. 16
37688 Beverungen
Tel. 05 27 3 39 22 21
www.beverungen.de

2 Uslar

Die historische Fachwerkstadt (14 300 Einw.) wurde bereits im 11. Jh. urkundlich erwähnt. Sie ist das „Tor zum Solling“.

SEHENSWERT

Welfenherzog Otto der Einäugige ließ 1428 die **St. Johanniskirche** erbauen. Die Glasgemälde und der dreiteilige Flügelaltar sind ein Blickfang. Der gedrehte Kirchturm stammt vom Oberhofbaumeister Georg Ludwig Friedrich Laves, der in Uslar geboren wurde und 1845 die Kirche neu errichtete. Das **Alte Rathaus** (1476) ist Wahrzeichen der Stadt. Das **Museum Uslar** informiert über Stadtgeschichte und einzelne alte Handwerkszweige wie Pfeifenmacher, Köhler und Glasmacher (Mühlentor 4, Di. bis So. 15.00–17.00 Uhr).

Mittelalterhaus in Nienover bei Uslar

ERLEBEN

120 Schmetterlingsarten sind im **Alaris Schmetterlingspark** zu bewundern (Zur schwarzen Erde, April–Sept. 9.30–17.30, Okt. 10.00–17.00 Uhr, www.alaris-schmetterlingspark.de).

UMGEBUNG

Nienover (6 km nördl.) ist eine der bedeutendsten Stadtwüstungen Europas. Ein Mittelalterhaus von 1230 wurde wieder aufgebaut (Termine unter www.mittelalterhaus-nienover.de und http://daz-groze-vrie.de).
In **Volpriehausen** (8 km östl.) gibt das Kalibergbaumuseum einen Einblick in die Arbeit unter Tage (Wahlbergstr. 1, April–Okt. Sa. 15.00 bis 17.00 Uhr). Im Künstler- und Töpferdorf **Fredelsloh** (12 km nordöstl.) wird seit rund 1000 Jahren Ton abgebaut. Die Geschichte dazu ist anschaulich im Keramik.um dargeboten (Am Kapellenbrunnen 5, März–Okt. Mo.–Sa. 13.00–17.00, So. 11.00–17.00, Nov., Dez. So. 13.00–17.00 Uhr, www.keramik-um.de).

HOTELS

Das **€ € € Romantische Hotel Menzhausen** heißt seine Gäste in einem Bürgerhaus von 1555 willkommen. Mit Wellnessbereich. Mauerstr. 2, Tel. 05 57 1 9 22 30, www.hotel-menzhausen.de.
Neun Baumhäuser sowie Baumzelte bieten im **€ € € Baumhaushotel Solling** ganzjährig

Platz für jeweils zwei bis sechs Gäste, In der Loh, Schönhagen, Tel. 05 57 1 91 93 05, www.baumhaushotel-sol ling.de.

RESTAURANT
Mediterrane Küche mit regionalen Produkten wird stilvoll in € € **Burg Hardegsen** (20 km östl.) serviert. Burgstr. 2, 37181 Hardegsen, Tel. 05 50 5 50 92 52, www.burg-schenke-hardegsen.de.

INFORMATION
Touristik-Information
Lange Str. 1
37170 Uslar
Tel. 0 55 71 30 72 20
www.uslar.de

3 Neuhaus im Solling

Der Luftkurort Neuhaus (1400 Einw.) war lange für die Zucht von hannoverschen Kaltblütern bekannt. Heute ist er zusammen mit Silberborn Ausgangspunkt für Wander-, Rad- und Mountainbiketouren im **Naturpark Solling-Vogler** TOPZIEL – und für den Wintersport.

SEHENSWERT
Das **Jagdschloss** (1791) ist wie das **Gestütsgebäude** nur von außen zu besichtigen. Im **Marstall** befindet sich das „Haus des Gastes".

ERLEBEN
Rund 150 heimische Wildtiere wie Luchs, Wolf und Rotwild sind in ihrer natürlichen Umgebung im **Wildpark Neuhaus** zu sehen. Eingang ist durch das WildparkHaus, in dem sich auch eine Ausstellung, ein Café sowie das Besucherzentrum befinden (Mai–Okt. 9.00–19.00, Nov.–April 9.00–17.00 Uhr, Wildpark 1, Tel. 05 53 6 9 60 99 80, www.wildparkhaus.de). Zum **Wandern im Solling**, dem „Wald des Jahres 2013", sind 150 km Rundwege ausgeschildert. Acht **Langlaufloipen** (60 km) werden ab 20 cm Schneehöhe gespurt. 300 Meter langer Skilift und Rodelhang. 91 **Kletterstationen** im Waldseilgarten TreeRock sind ein Spaß. Neu ist ein Partnerparcours (Schießhäuser Straße, Silberborn, April–Okt. Fr. 14.00–19.00, Sa., So. 10.00–19.00, Oster- und Herbstferien tgl. 10.00 bis 19.00, Sommerferien bis 20.00 Uhr, Tel. 05 21 32 99 20 18, www.treerock.de). **Mountainbiking** siehe DuMont Aktiv, S. 65.

HOTEL / RESTAURANT
Im € € **Landhaus Sollingshöhe** erwarten die Gäste Zimmer im Landhausstil sowie regionale Küche mit mediterranem Einfluss. Dasseler Str. 15, 37603 Silberborn, Tel. 05 53 6 9 50 80, www.mackes-sollingshoehe.de

UMGEBUNG
Fürstenberg (10 km westl.) ist durch seine 1747 durch den Herzog von Braunschweig gegründete Porzellanmanufaktur weltbekannt (s. Fotos S. 56). Es ist heute nach Meißen die älteste in Deutschland. 10 000 Exponate sind im Museum ausgestellt. Café/Restaurant und Weserblick locken; es gibt einen Werksverkauf (Meinbrexener Str. 2, Verkauf Di.–So./Fei. 10.00 bis 18.00, Café/Rest. Di.–So. 10.00–18.00, Museum bis 17.00 Uhr und Nov.–Febr. nur Fr.–So., www.fuerstenberg-schloss.com).
Das rund 63 ha große **Hochmoor Mecklenbruch** bei Silberborn (3 km nördl.) steht seit 1939 unter Naturschutz (Führungen Mai–Okt. Mi. 9.30 Uhr, Start Dorfgemeinschaftshaus Silberborn).

INFORMATION
WildparkHaus, Wildpark 1
37603 Holzminden-Neuhaus
Tel. 05 53 6 10 11, www.wildparkhaus.de und www.hochsolling.de

Naturpark Solling-Vogler
Tel. 05 53 6 13 13
www.naturpark-solling-vogler.de

4 Höxter

Mit dem Kloster Corvey wird der Ort im Jahr 822 erstmals erwähnt. Seit 1115 steht hier die erste Weserbrücke überhaupt und ermöglichte Handel, der zu großem Reichtum führte. Höxter, heute eine Stadt mit 29 300 Einwohnern, wurde 1295 Hansestadt.

SEHENSWERT
Das historische **Rathaus** (Weserstr. 11) von 1250 wurde 1608–1618 im Stil der Weserrenaissance umgebaut (heute Tourist-Information). Gegenüber steht die **Kilianikirche** (13. Jh.). Mit Westfassade und unterschiedlich hohen Türmen ist sie das Wahrzeichen der Stadt. Die **Marienkirche** (1283) ist der früheste gotische Bau in Westfalen. Die **Alte Dechanei** (Marktstr. 19), ein Adelshof des Rittmeisters Christoph von Amelunxen, ist mit über 60 unterschiedlichen Fächerrosetten verziert (1561). Das **Adam- und Eva-Haus** (Westerbachstr. 27) von 1571 verdankt seinen Namen der Holzdarstellung des Sündenfalls.

Eingangshalle der Klosterkirche Corvey (l.), Alte Dechanei (1561) in Höxter (r.)

VERANSTALTUNG
Die **Corveyer Musikwochen** bieten klassische Musik im Kaisersaal des Schlosses (Mai und Juni, Programm: www.schloss-corvey.de).

HOTEL
€ **Tonenburg** und Alte Brennerei, eine Burg an der Weser, bietet Frühstücks- und Abendbüfett sowie individuelle Zimmer. Albaxen, Tel. 05 27 1 92 11 82, www.tonenburg.de.

UMGEBUNG
Das Karolingerkloster **Corvey** TOPZIEL (2 km östl.), gegründet 822 von Ludwig dem Frommen, einem Sohn Karls des Großen, gehört seit 2014 zum UNESCO-Weltkulturerbe. Seine Blütezeit erlebte es im 10. Jh. Das im 12. Jh. umgestaltete Westwerk mit lebensgroßen Stuckfiguren und mythologischen Wandmalereien ist ein bedeutendes Zeugnis der Zeit. Corvey war ein geistig-politisches Zentrum in Nordwesteuropa. Archäologen entdeckten auch eine verschüttete Stadtansiedlung am Kloster (März–Okt. tgl. 10.00–18.00 Uhr, Führungen nur mit Anmeldung, Tel. 05 27 1 6 81 68, www.schloss-corvey.de).

INFORMATION
Tourist-Information, Weserstr. 11,
37671 Höxter, Tel. 05 27 1 1 94 33
www.hoexter-tourismus.de

Kulturkreis Höxter-Corvey GmbH
Corveyer Allee 7, 37671 Höxter
Tel. 05 27 1 97 43 23, www.kulturland.org

5 Holzminden

Im 1245 gegründeten Holzminden (20 000 Einw.) wurde 1874 erstmals „Vanillin" synthetisch hergestellt. Die „Stadt der Düfte und Aromen" ist heute noch berühmt für ihre Geruchs- und Geschmacksstoffindustrie.

SEHENSWERT
Auf dem **Marktplatz** von 1891 standen einmal Rat- und Brauhaus. Heute säumen Platanen den großzügigen Platz mit seinem südlichen Flair. Das größte Ackerbürgerhaus ist das reich geschmückte **Severinsche Haus** von 1683 (Halbmondstr. 9). Das Glockenspiel des

Reichspräsidentenhauses mit dem „Meisterumzug der Absolventen der Fachhochschule" ist um 9.00, 12.00, 15.00 und 18.00 Uhr zu sehen und zu hören. Wahrzeichen ist die **Luther-Kirche**. Mit Bar und Sandstrand lockt der neu gestaltete **Weserkai**.

ERLEBEN

„Immer der nach Nase" heißt ein **Rundweg** zu 18 Duftstelen (Details s. Special S. 57). **Stadtführungen** veranstaltet die Touristik-Information. Hörbarer Stadtrundgang unter www.holzminden.de herunterladen.

VERANSTALTUNG

In ungeraden Jahren wird an Pfingsten das **Internationale Straßentheaterfest** gefeiert.

HOTEL / RESTAURANT

Die Zimmer in **€ € Hellers Krug**, einem Fachwerkhaus von 1721, sind frisch renoviert, die Küche bietet moderne, saisonale Küche. Altendorfer Str. 19, Tel. 05 53 1 20 01, www.hotel-hellers-krug.de.

INFORMATION

Touristik-Information Holzminden
Markt 2, 37603 Holzminden
Tel. 05 53 1 99 29 60, www.holzminden.de

6 Bevern

Bevern (5800 Einw.) gehört zu den ältesten Ansiedlungen des Weserberglandes und wurde 822 in Urkunden des Klosters Corvey erwähnt.

SEHENSWERT

Statius von Münchhausen ließ 1603–1612 das Weserrenaissance-**Schloss Bevern** als vierflügelige Anlage mit Wassergraben, zwei Treppentürmen, prachtvollem Innenhof und Schlossgarten bauen. Heute veranstaltet das Kulturzentrum Holzminden hier Ausstellungen, Konzerte und Theater (April–Okt. Di.–So. u. Fei. 10.00–17.00 Uhr, Führung: April–Okt. So. 15.00, Juni–Sept. auch 1. Sa. im Monat 14.00 Uhr, Nov. bis März für Gruppen auf Anfrage, Themenführungen siehe www.schloss-bevern.de, Tel. 05 53 19 9 40 10).

HOTEL

Auch für Yoga und Seminare bietet das **€ € Haus Landliebe** Platz. Bed & Breakfast sind wunderbar. Brunnenstraße 14, 37639 Bevern-Lütgenade, Tel. 05532 82 55, www.haus-landliebe.de

UMGEBUNG

Das Zisterzienserkloster **Amelungsborn** (9 km nordöstl.) liegt in der Mitte des Pilgerweges Loccum-Volkenroda. Das romanische, dreischiffige Langhaus wurde 1128–1158 erbaut und gotisch erweitert.

INFORMATION

Tourist-Information im Schloss Bevern
Tel. 05 53 1 1 21 64 36
www.solling-vogler-region.de

Genießen Erleben Erfahren

DuMont Aktiv

Mountainbiken im Solling

Das Revier ist groß, die Anzahl der dickstolligen Zweiräder ebenfalls. Hier machen Biker ihre Luftsprünge. Der Solling-Vogler bietet das ideale Terrain. 760 Kilometer Strecken sind ausgeschildert.

Wer sich einfahren möchte, geht zwischen Neuhaus und Silberborn auf den 7,3 Kilometer langen Parcours für Mountainbiker. Da gibt es Single-Trails, Rampen für Luftsprünge, steile Abfahrten, Waldwege mit Schotter und einen früheren Steinbruch. Für 20 € am Tag kann jeder ein Mountainbike ausleihen – mit Helm bei der Touristik-Information in Neuhaus.

Auch für individuelle Touren ist gesorgt: 50 € für vier Stunden kostet das Rad, wenn man auf den Strecken fährt, die in Neuhaus vor der Tür liegen. GPS-gesteuert und mit Karten versorgt, macht sich der Radfahrer auf den welligen Weg. Es geht über Lichtungen, durch Wälder, an Flussläufen vorbei, über Anhöhen mit Weitblick und durch feuchte Hohlwege. Wer sich gerne einem Ortskundigen anvertrauen mag, bucht eine der geführten Touren. Die Vielfalt der 16 ausgeschilderten Strecken in der gesamten Region Solling-Vogler ist groß und trifft jeden Geschmack.

Fortgeschrittene sind im Solling Funpark zu sehen: Zu Ostern wird auf dem Parcours in Merxhausen bei Dassel zum traditionellen Feuerspringen mit dem Rad durch die Flammen eingeladen. Downhill-Rennen werden veranstaltet. Einen Überblick über das gesamte Mountainbike-Angebot im Solling-Vogler liefert ein Kartenset (s. u.).

Die ganze Region Solling-Vogler bietet sich fürs Mountainbiken an.

Weitere Informationen

• Auskunft:
Touristik-Zentrum Solling-Vogler-Region
Lindenstr. 8
37603 Holzminden-Neuhaus
Tel. 05 53 6 96 09 70
www.solling-vogler-region.de
Kartenset: Übersichtskarte und 16 Detailkarten, 5 € plus Porto

• Parcours:
Mountainbikeregion Naturpark Solling-Vogler
7,3 km Parcours, Mountainbike für 20 € Leihgebühr pro Tag

• Solling Funpark:
Merxhausener Str. 14
37627 Heinade/Merxhausen
www.solling-funpark.de

la signora

Doppelt märchenhaft

Mit den drei märchenhaften Orten Hameln (Rattenfänger), Bodenwerder (Münchhausen) und Polle (Aschenputtel) zeigt sich die Region um Hameln kinderfreundlich. Märchenhaft ist aber auch die Landschaft: der aufragende Vogler, die liebliche Rühler Schweiz mit der Kirschblüte Ende April und die langen Klippenzüge Ith und Hils. Einen anderen Akzent setzt Bad Pyrmont, wo seit mehr als 500 Jahren Wellness praktiziert wird.

Bad Pyrmont gilt als Inbegriff des Kurens. Ein Pavillon überwölbt den „Hylligen Born", wo schon Germanen ihren Quellgöttern opferten.

Hameln: Haus des Kornhändlers Leist im Stil der Weserrenaissance, erbaut 1585

Der Rattenfänger gehört ins Reich der Legenden. Heute ziehen freundliche Straßenmusikanten großes und kleines Publikum an.

Hamelns Marktkirche St. Nicolai liegt unmittelbar am Pferdemarkt. Der wichtige Warenumschlagplatz könnte im Mittelalter auch Schauplatz ritterlicher Zweikämpfe gewesen sein. Im 18. Jahrhundert diente er als Hinrichtungsstätte.

Die Osterstraße ist Hamelns Vorzeigemeile. Besucher bummeln in der Fußgängerzone oder erholen sich in einem der vielen Straßencafés und Restaurants.

Der Rattenfänger soll durchs Stadttor an der Osterstraße gezogen sein.

Sagen

Special

Eine mysteriöse Geschichte

Die Sage vom Hamelner Rattenfänger ist weltbekannt, doch wie ist es um ihren wahren Kern bestellt?
Im Museum Hameln wird eine moderne Variante der berühmten Sage aufgeführt. Rund eine Milliarde Menschen kennen die Geschichte von der Entführung der Kinder durch den um seinen Lohn geprellten, Flöte spielenden Rattenfänger. Auch Wissenschaftler beschäftigten sich mit dem Wahrheitsgehalt der Geschichte – und sorgten für eine Enttäuschung: Ratten reagieren gar nicht auf die Töne einer gebräuchlichen Flöte.

Heute ist man sich sicher, dass zwei Sagen verknüpft wurden. Die eine handelt von der historisch nicht verbrieften Rattenvertreibung. Die andere ist die eines Kinderauszugs. Dafür allerdings gibt es eine Reihe von Belegen: Hameln war nachweisbar eine Auswanderungsregion: Während der Blütezeit der Ostkolonisation im 13. Jh. zogen viele junge Menschen Richtung Prignitz und Uckermark im heutigen Brandenburg und weiter bis Mähren und Pommern. Ortsnamenforscher fanden entsprechende Belege. Die Variante, dass ein Sektenführer die Kinder in die Wälder von Coppenbrügge lockte und sie dort bei einem Bergrutsch im Ith ums Leben kamen, hält nur der Museumsverein des Ortes für möglich. Somit bleibt der Kern der Sage immer noch im Dunkeln.

Der Rattenfänger als Stoff für die Bühne

Im Ohrbergpark die Rhododendrenblüte zu erleben, sich hinzusetzen, die Ausblicke zu erfassen, das ist ein erhebendes Gefühl. Manche üben hier sogar Yoga. Links liegt Hameln. Diese Stadt kann man nur liebgewinnen. Sie ist ein Feuerwerk an filigranen Giebeln, ein Kulturgenuss mit Traditionsgeist. Durch die Gassen zu streifen und selbst zu entdecken, was die alten Inschriften preisgeben, das kann eine stundenlange Aufgabe sein. Bleiben zu viele Fragen offen, hilft das Museum Hameln.

Hamelns Tradition

Der Besuch des Hamelner Museums lohnt, weil mit viel Detailfreude die Geschichte der Stadt aufgerollt wird. Das reicht von einem hebräischen Brief eines Hamelner Kaufmanns aus dem 18. Jahrhundert über eine mumifizierte Ratte bis zu Bildern vom Gefangenenlager Hameln. Da hängen auch alte Fahrpläne von Weserschiffen. Der Besucher kann sich auf dem nachgebauten Deck eines Ausflugsdampfers in die Zeit hineinversetzen, als Friedrich-Wilhelm Meyer aus Hameln 1902 den Wesergebirgsverein gründete. Schon damals erkannte der Inhaber der „Oberweser Dampfschiffahrt GmbH“, dass sich die Region als Ganzes vermarkten müsse, um erfolgreich zu sein. Damit tut sie sich bis heute schwer.

Ganz in der Nähe von Dölme erstreckt sich die Rühler Schweiz mit ihren zahllosen Wandermöglichkeiten (Bilder links).
Die bis zu 30 Meter hohen Lüerdissener Klippen im Ith locken Kletterer aus weitem Umkreis an.

Zwischen Holzminden und Bodenwerder mäandert die Weser besonders stark und umschlingt auch das Dörflein Dölme.

„Man erlebt nicht das, was man erlebt, sondern wie man es erlebt."

Wilhem Raabe (1831–1910)

Zu viele Grenzen und Einzelinteressen liegen zwischen Hann. Münden und Minden rechts und links des Flusses.

Dabei ging es Hameln früher besonders gut. Als Mitglied der Hanse seit 1426 setzte die Stadt erfolgreich auf Handel. Die prächtigen Bauten der Weserrenaissance zeugen noch heute vom Reichtum. Nach 700 Jahren Welfenherrschaft fiel die Wesermetropole 1866 an Preußen. 1872 waren die ersten Gleise verlegt, somit war Hameln an die Strecke Hannover-Altenbeken (Kreis Paderborn) angeschlossen.

Ith und Hils

Alle, die das Wanderglück richtig herausfordern möchten, sollten sich die 80 Kilometer lange Rundstrecke durch die Höhenzüge Ith und Hils im östlichen Weserbergland gönnen. So geht es von Coppenbrügge aus hinauf zu den Felsen „Adam und Eva". Der Weg auf dem Kamm des etwa 22 Kilometer langen Klippenzuges des Ith liefert erstklassige Ausblicke. Rotmilan, Uhu und Grauspecht sind im Ith zu Hause. Die Lüerdissener Klippen, fast 30 Meter hoch, sind das Wochenendziel vieler Kletterer. Von hier ist es nicht mehr weit bis Eschershausen, wo 1831 der Dichter Wilhelm Raabe geboren wurde, der bekannt war für seine Gesellschaftskritik.

Wo schon der Zar kurte

Bad Pyrmont gilt vielen als Nabel der Gesundheitsurlauber Europas. Die Liste der Gäste, die seit mehr als 500 Jahren dorthin strömen, füllt Bände und enthält herausragende Persönlichkeiten von Zar Peter dem Großen über den Universalgelehrten Gottfried Wilhelm Leibniz oder den Dichter Matthias Claudius bis zum Dirigenten Herbert von Karajan oder Samuel Hahnemann, den Begründer der Homöopathie. Ein rotes Ankerkreuz mit Fürstenkrone, aus dem das Heilwasser sprudelt, ist das Symbol des Kurortes.

Nebenan liegt Lügde, ein hübscher, restaurierter Ort. Kühe grasen am Ufer der Emmer und schauen hinauf zum Wiesenhang. Von dort oben – das ist Tradition, seit Karl der Große 784 den Ort besuchte – rollen am Ostersonntag mit Stroh ausgestopfte, brennende Eichenräder herunter. Sie haben etwa 1,7 Meter Durchmesser und wiegen fünf Zentner. Tausende sehen sich jedes Jahr dieses Spektakel an, was allerdings schon nach wenigen Minuten vorbei ist.

Münchhausen mit Brunnen

Die Weserstadt Bodenwerder ehrt ihren berühmtesten Sohn Hieronymos Karl Friedrich Freiherr von Münchhausen durch ein Museum und mehrere Denkmäler. In der Fußgängerzone steht ein

Baron von Münchhausen, der in Bodenwerder als Brunnenfigur (S. 73 oben) in Szene gesetzt wurde, hat sicher nur einen Teil seiner wundersamen Geschichten wirklich erlebt. Das wahre Leben begegnet Gästen heute im Besucherbergwerk Salzhemmendorf (unten), bei den kreativen Pflastermalern in Bodenwerder (S. 73 unten) und Glasbläsern in Hameln.

Brunnen, in dem Münchhausen festzustecken scheint. Wildgänse ziehen ihn heraus. Solche fabelhaften Geschichten machten ihn weltberühmt. Besonders gern erzählte er sie in seiner 1763 errichteten Gartenlaube, wo er Jagdgesellschaften unterhielt. Wo sich Adelige und Literaten trafen, von Celle über Hannover bis Hameln, war der einstige Offizier des Leibkürassierer-Regiments der russischen Zarin ein gern gesehener Unterhalter. Seine Erlebnisse in Russland konnte er ausgesprochen pointiert zum Besten geben. Er war als Rittmeister 1750 mit seiner Frau in die Heimat zurückgekehrt, um dort sein Erbe anzutreten.

Der Ort verleiht jährlich den Münchhausen-Preis an Kabarettisten und Darsteller. Herman von Veen, Götz Alsmann, Dr. Eckart von Hirschhausen und Dieter Hallervorden gehörten zu den Preisträgern. Im September treffen sich Künstler zum Pflastermalwettbewerb in der Innenstadt. Gemalt wird auf einer zweimal zwei Meter großen Spanplatte mit Kreide – eine vergängliche Kunst also.

Beim Kirschblütenfest

Von Bodenwerder aus schlängelt sich ein schöner Wanderweg etwa fünf Kilometer hinauf zum Bodoturm. 412 Meter hoch hat sich der Vogler hier erhoben. Der höchste Punkt ist der Ebersnackenturm auf 460 Metern, und ein Stückchen weiter südlich im Naturpark breitet sich die Rühler Schweiz aus. Den Zusatz „Schweiz" wählen die Bewohner oft, wenn sie nicht mehr wissen, wie sie die Schönheit ihrer Landschaft sonst noch ausdrücken könnten.

Mitte oder Ende April, wenn die Kirschblüte einsetzt, ist das ganze Wandergebiet am rechten Weserufer zwischen Rühle, Golmbach und Reileifzen in das rosa-weiße Meer aus Blüten getaucht. Da die Kirschblüte in Japan eines der wichtigsten Elemente der Landeskultur ist, liegt es nahe, dass von dort Gesandte kommen. Die Japaner wirken

Reichtum und Glanz der Region spiegelt sich in den prunkvollen Schlössern wie Hämelschenburg (oben rechts) und Schwöbber (alle übrigen Bilder) wieder. Schloss Schwöbber empfängt nach umfangreichen Restaurierungen Gäste im Schlosshotel Münchhausen.

Schloss Schwöbber liegt bei Aerzen-Königsförde. Berühmtester Gast im Schloss war Zar Peter der Große im Jahre 1715.

Schloss Hämelschenburg bei Emmerthal gilt als eines der herausragenden Beispiele für die Weserrenaissance.

bei den Kirschblütenfesten hinreißend exotisch und betonen die Symbolik der Blüte, die für Aufbruch, Schönheit, aber auch Vergänglichkeit steht.

Polle mit Weitblick

Wer sich in diesem Abschnitt der Weser umblickt, erkennt bizarr geformte Höhenzüge, lang gezogene Flussterrassen und kleine Dörfer. Der Weg Richtung Süden nach Polle ist reizvoll und wird gern von Radlern und Kanufahrern genutzt. Der Blick von der Burgruine auf die Weserschleife lässt sich fotografisch nur mit einem Weitwinkel festhalten, so weit zieht sich hier die schöne Landschaft. Im Sommer wird hier öfter das Märchen Aschenputtel aufgeführt, wofür Polle wirbt. Es liegt an der Deutschen Märchenstraße, die von Hanau bis Bremerhaven und Buxtehude führt. Unten zieht sich, wie von Geisterhand gesteuert, eine Gierseilfähre an ihrem Stahlseil über den Fluss (s. DuMont Thema S. 60).

Die Grafen von Everstein, die an dieser Stelle schon im 13. Jahrhundert eine Wehranlage aufschichteten, hatten dagegen eher die strategische Lage im Visier. Die war auch der Grund, warum der Ort zum Ende des Zweiten Weltkriegs hart umkämpft blieb. Die Einwohnerzahl ist seit 1843 bis heute bei rund 1200 Menschen nahezu konstant geblieben, was es bundesweit nur selten gibt.

Blick aufs Tafelsilber

Schloss Hämelschenburg dürfte wohl der schönste Bau der Weserrenaissance sein. Es wurde 1588 bis 1613 errichtet und gehört seitdem zum Privatbesitz der Familie Klencke. Sie lässt eine Besichtigung des Tafelsilbers und anderer Kostbarkeiten bei Führungen zu. Sonst gibt es einen hübschen Museumsladen, Seifensieder- und Künstlerwerkstätten. Weithin bekannt ist der Adventsmarkt, der immer am ersten Advent gefeiert wird.

WELLNESS

Tal der Gesundheit

Wie sich das Modebad des 18. Jahrhunderts mit Zar Peter dem Großen, Friedrich dem Großen und Königin Luise von Preußen als Gästen bis heute gewandelt hat, ist enorm. Jetzt spricht man vom „medical valley" und meint damit nicht nur die moderne Hufeland-Therme.

Kunst und Natur: Skulpturen und fließendes Wasser im Kurpark von Bad Pyrmont

Wer aus der sibirischen Banja der Hufeland-Therme tritt, spürt die befreiende Kraft der heißen Aufgüsse aus Birkensud, die er gerade erlebt hat. Was für eine innere Reinigung! Mit Block- und Schweigehaus, mit Schneeparadies, Kelosauna und Blütendampfbad bietet die Therme von Bad Pyrmont so ziemlich alles, was im Moment an Wellness als Entschleunigung gefeiert wird. Meersalzgrotte, Gradierhütte, Rhasulbad, Wasser-Shiatsu lassen Körper und Seele keine Chance mehr für Verkrampfungen. Kein Zweifel: Die Gemeinde spielt an der Spitze der ersten Wellness-Liga Deutschlands.

Von Kneipp bis Paracelsus

Das ist nicht alles: Als „medical valley" hat sich der Kurort als Gesundheitszentrum einen Namen gemacht. Hier erlebt die klassische Ganzheitsmedizin von Kneipp bis Paracelsus eine Symbiose mit der modernen Gesundheitsvorsorge und der Wellness-Philosophie. Dabei stehen Sole, Moor und Kohlensäure an erster Stelle, denn die gibt es hier in großen Mengen. Die solereichen Quellen liegen 750 bis 1000 Meter tief unter Bad Pyrmont und werden seit 1793 therapeutisch genutzt – zur Linderung von Nerven- und Hauterkrankungen, Rheuma sowie Knochenschwund.

Die Entstehung des Moores setzte in der Zeit um 2500 v. Chr. ein. Mit dem Naturmoor werden Wirbelsäulen, Gelenke, Rheuma, Arthrose, Osteoporose und gynäkologische Leiden behandelt. Die Kohlensäure wirkt gegen schlecht heilende Wunden und Gefäßerkrankungen. Als CO^2-Gas tritt es in der Dunsthöhle am Helvetiushügel ohne Wasser aus – das schon ist ein Naturphänomen. Bereits Goethe staunte bei seinem Besuch 1801 über die Kohlensäure, die aus einem erkaltenden Magmaherd in rund 4000 Metern Tiefe durch Risse mit Grundwasser nach oben schießt.

Treff der feinen Gesellschaft

Die heilende Wirkung Bad Pyrmonts hatte sich schon Jahrzehnte zuvor in ganz Europa herumgesprochen. Im 18. Jahrhundert war der Ort Treffpunkt einer mondänen, exklusiven

Unterm 1923 errichteten Brunnentempel ist der „Hyllige Born" gefasst, die älteste Pyrmonter Heilquelle. Ihr Wasser wird zu Trinkkuren genutzt.

Die Hufeland-Therme:
Stärken beim Gerätetraining und Entspannen im wohligwarmen Thermalbecken

Fakten

Niedersächsisches Staatsbad Pyrmont
6 Heilquellen, 7 Kliniken
80 000 Gäste und 700 000 Übernachtungen pro Jahr

Gesundheitszentrum Königin-Luise-Bad
Bewegungstherapien, Bäder (Moor, Sole u.a.)

Bombergallee 1
31812 Bad Pyrmont
Tel. 05281 15 15 15
www.badpyrmont.de

Hufeland-Therme
Saunalandschaft, Innen-, Außen- und Eventbecken, Entspannungsangebote

Forstweg 17
31812 Bad Pyrmont
Tel. 05281 15-17 50
www.hufeland-therme.de

Weitere Wellnessangebote
im Weserbergland s. S. 110/111

Gesellschaft, die sich nicht nur morgens um sechs Uhr zum Heilwassertrinken bei Musik traf, sondern sich auch abends bei gesellschaftlichen Veranstaltungen trefflich amüsierte. So war Zar Peter der Große 1716 zu Gast, König Friedrich der Große 1744 und 1746 sowie Königin Luise von Preußen 1777, 1797 und 1806. Die Theatertradition wurde schon 1681 eingeläutet, als man im „Fürstensommer" das eigens geschriebene Lustspiel „Les eaux de Pyrmont" aufführte. Beim „Fürstentreff" sowie weiteren Veranstaltungen wird die Geschichte lebendig.

Ein folgenreiches Bad im „Hylligen Born"

Das alles konnte Margarethe von Riethberg nicht ahnen, als sie 1502 die Quelle des Hylligen Born „gebrauchte", wie es so schön in der Chronik des Ortes heißt. Nun war der „Brodelbrunnen", den schon germanische Stämme im ersten Jahrhundert verehrten, als Heilquelle entdeckt. Margarethe von Riethberg gilt als erster namentlich erwähnter Badegast. Allerdings handelte es sich bei Pyrmont um ein Dorf, das noch weit davon entfernt war, sich Badeort nennen zu können. Die Gäste, die bald in dieses heilbringende Tal des Weserberglandes strömten, wohnten seinerzeit in Zeltlagern.

1502 gilt also den Pyrmontern als Ausgangspunkt ihrer jetzt fast 520 Jahre langen Wellnesskultur. Das Wort soll als „wealnesse" im Englischen erstmals 1654 benutzt worden sein. Hier fand es Anwendung – und das über Jahrhunderte. Das niedersächsische Staatsbad mit dem größten Palmengarten nördlich der Alpen erfreut sich bis heute vieler Gesundheitsgäste. Und hat mit der Strategie „Fit 2022" frische Akzente gesetzt.

Maßstab 1:200.000
0
2
4km
SPRINGE
BAD MÜNDER am Deister
HESSISCH OLDENDORF
HAMELN
Coppenbrügge
Salzhemmendorf
Aerzen
BAD PYRMONT
LÜGDE
Emmerthal
BODENWERDER
ESCHERSHAUSEN
Duingen
STADTOLDENDORF
HOLZMINDEN
DASSEL
HÖXTER
SCHWALENBERG
MARIENMÜNSTER
Eime
Auetal
Naturpark
Weserbergland
Saupark
Osterwald
Deutsche Märchenstraße
Solling-Vogler
Weser
1
2
3
4
5

In der Heimat des Rattenfängers

Mit Hameln als touristischem Zentrum und Bad Pyrmont als traditionsreicher Wellnessoase sowie Bodenwerder mit Münchhausen bietet die Region anspruchsvolle Ziele. Doch es ist auch der Ith, es sind die kleineren Orte, die hier Reize aussenden. Zu erleben gibt es mehr als genug.

1 Bodenwerder

In diesem Luftkurort (5500 Einw.) unterhalb des Naturparks Solling-Vogler ist der „Lügenbaron" Münchhausen (1720–1797) allgegenwärtig.

SEHENSWERT
Der **Münchhausen-Brunnen** zeigt den legendären Ritt auf der Kanonenkugel. Auf dem Gutshof **Münchhausen-Museum** wird das Leben des „Lügenbarons" mit Dingen aus seinem persönlichen Besitz, Bildern und Dokumenten aufgezeigt (Münchhausenplatz 1, April–Okt. 10.00–17.00 Uhr). **Abtei Kemnade** im gleichnamigen Ortsteil wurde um 964 gegründet. Deren Klosterkirche (1046 geweiht) besitzt eine wertvolle gotische Ausstattung.

VERANSTALTUNGEN
Jährlich am 2. Wochenende im August: **Lichterfest** mit musikalischem Höhenfeuerwerk und illuminierter Wasserorgel. Münchhausen als **Musical** läuft in der Innenstadt an jedem 2. und 4. So. 15.00 Uhr (Mai–Sept.).

Tipp

Fahrspaß unter Anleitung

Für Freunde von geländegängigen Autos ist der Offroad-Park „Mammut" bei Stadtoldendorf ideal. Schlammlöcher, Watbecken, Baumstammbrücken bietet das ehemalige Panzerübungsgelände der Bundeswehr. Die Geländewagen lassen sich ausleihen, der Fahrlehrer fährt mit. Auch „Hummer" und Trucks sind vorhanden. Übernachten ist in der renovierten Kaserne oder als Camper draußen möglich.

MAMMUTPARK
Yorck-Str. 5, 37627 Stadtoldendorf
Tel. 01 72 7179706
www.fpmammut.de

Bodenwerder feiert sein Lichterfest.

RESTAURANT
Restaurant **€ €** **Graf Everstein** ist für seine frische, mehrfach ausgezeichnete Küche bekannt. Amtsstr. 6, Polle, Tel. 05 53 5 99 97 80, www.graf-everstein.de.

ERLEBEN
Sommerrodelbahn und der Erlebnis-Spielplatz locken vor allem Kinder (Grüne Schleite 1, März–Aug. tgl. 10.00–18.00, April, Sept., Okt. tgl. 11.00–17.00 Uhr, www.rodelpark.de).

UMGEBUNG
Zwischen Rühle, Golmbach und Reileifzen erstreckt sich die **Rühler Schweiz** (7 km südl.). Ende April verwandeln die Kirschbäume sie in ein Blütenmeer. An Wochenenden verkehrt auf der Weser bei **Grave** (18 km süd-westl.) eine Solarfähre nach Voranmeld. (Tel. 05 53 53 63). In **Polle** (ca. 16 km süd-westl.) fasziniert die Burgruine. Sie dient im Sommer als Freilichtbühne, unten fährt die Gierseilfähre. Das Museum „Burg Polle" zeigt mittelalterliche Ausgrabungsfunde (Amtsstr. 4, April–Okt. Mo., Mi., Fr. 9.00–12.30, Di., Do., 14.00–17.00, Sa. 10.00 bis 12.00 Uhr).

INFORMATION
Tourist-Information Bodenwerder
Münchhausenplatz 1, 37619 Bodenwerder
Tel. 05 53 3 4 05 41
www.muenchhausenland.de

2 Bad Pyrmont

Das niedersächsische Staatsbad und der traditionsreiche **Kurort** **TOPZIEL** (19 000 Einw.) locken mit kulturellen Höhepunkten und Wellness vom Feinsten. Auf die sechs Heilquellen vertrauten schon die alten Römer.

SEHENSWERT
Der **Historische Kurpark** mit englischem Landschafts- und Palmengarten bekam 2005 die Auszeichnung „schönster Park Deutschlands". Die **Arkaden** mit dem Lesesaalgebäude und dem angrenzenden **Konzerthaus** wurden 1926–1928 erbaut. Die **Dunsthöhle** auf dem Gelände eines ehemaligen Steinbruchs ließ der Pyrmonter Brunnenarzt Dr. Johann Philipp Seip 1712 für „trockene Schweißbäder" errichten (Helvetiushügel,

April–Okt. Mo.–Fr. 15.00–17.30, Sa., So. 13.00 bis 17.00 Uhr, Nov.–März auf Anfrage, Tel. 05 28 11 51 58 8). **Brunnenplatz** und **historische Hauptallee** sind Wahrzeichen Bad Pyrmonts.

MUSEUM

Die Kulturinsel **Schloss Pyrmont** informiert über Stadt- und Badegeschichte und gibt mit den unterirdischen Gängen einen Einblick in die Befestigungsarchitektur der Renaissance-Zeit (Schlossstr. 13, Di.–So. 10.00–17.00 Uhr, www.museum-pyrmont.de).

ERLEBEN

Hufeland-Therme (s. S. 76, 110)

VERANSTALTUNG

Anfang August Comedy und **Kleinkunst** beim Kleinen Fest mit Picknick im Kurpark (www.kleines-fest.de).

HOTELS

€ € € Hotel Steigenberger war früher ein Kurhotel. Es liegt direkt am Kurpark und bietet eine umfangreiche Wellnesslandschaft. Das Restaurant Palmengarten verwöhnt mit biologisch und regional inspirierten Büfetts, à la carte oder dem Fürstenmenü. Heiligenangerstr. 2–4, Tel. 05 28 1 15 02, www.steigenberger.com.

Das **€ € Hotel Goethe-Haus** liegt zentral, hat Flair und wird von Gästen sehr geschätzt. Der Dichterfürst war 1801 mit seinem Sohn schon da. Am Hylligen Born 6, Tel. 05 28 1 20 85, www.goethehaus-pyrmont.de.

UMGEBUNG

Das **Schloss Hämelschenburg** (8 km nordöstl.) ist eine gut erhaltene Renaissanceanlage von 1588 und eines der bekanntesten Weserschlösser. Es ist mit dem Rittergut seit Generationen im Besitz der Familie von Klencke. Einblick in die historischen Räume mit wertvollen Möbeln, Gemälden und Sammlungen gibt es bei Führungen (Schlossstr. 1, Emmerthal, Tel. 05 15 5 95 16 90, Führungen Mai–Sept. Di.–So. stdl. 10.00–17.00, April, Okt. 11.00–16.00 Uhr, www.schloss-haemelschenburg.de).

INFORMATION

Touristinformation Bad Pyrmont
Europa-Platz 1, 31812 Bad Pyrmont
Tel. 05 28 1 94 05 11, www.badpyrmont.de

3 Salzhemmendorf

Zwischen Ith, Osterwald und dem Thüster Berg liegt der Flecken Salzhemmendorf mit seinen elf Ortsteilen (9100 Einw.). Er wurde 2008 mit dem Solarpreis ausgezeichnet. Mit Biogas und Windenergie wird doppelt so viel Strom erzeugt wie die Einwohner verbrauchen.

SEHENSWERT

Im **Besucherbergwerk Osterwald** ist das Untertageleben nachzuempfinden sowie viel

Die Region ist ein beliebtes Radfahrerrevier (o.), ein Abend in Hamelns Bäckerstraße (o.r.), Kurpark von Bad Pyrmont (u.r.).

über die Entstehung der Osterwalder Kohle vor 140 Mio. Jahren zu erfahren (Steigerbrink, März bis Okt. So. 13.15 und 14.30 Uhr, Tel. 05 15 3 96 48 46, www.der-huettenstollen.de). In der **Freilichtbühne Osterwald** fühlen sich Kinder und Erwachsene von Mai bis Sept. gut unterhalten (An der Freilichtbühne 7, www.osterwaldbuehne.de, Tel. 05 15 3 9 60 69).

ERLEBEN

Rund 40 Attraktionen von beschaulich bis rasant warten im **Rasti-Land** auf große und kleine Besucher (Quanthofer Str. 9, wechselnde Öffnungszeiten, Tel. 05 15 3 9 40 70, www.rasti-land.de). Gleich nebenan bietet nicht nur bei schlechtem Wetter **Kids-Dinoworld** Spielvergnügen in einer 2500 m² großen Halle (wechselnde Öffnungszeiten, www.kids-dinoworld.de). Drei Innen- und zwei Außenbecken der **Ith-Sole-Therme** sind mit bis zu 36 Grad wärmer, fluoridhaltiger Sole gefüllt (In der Saale Aue 5, Tel. 05 15 3 80 30 50, tgl. 8.00–22.00 Uhr, www.ith-sole-therme.de). Das „Ballonteam Perspektive" startet zu **Ballonfahrten** in Coppenbrügge (Am Steinbrink 2 , Tel. 05 15 6 71 79, www.ballon-perspektive.de).

RESTAURANT

Wanderer stärken sich in der **€ Waldgaststätte Sennhütte** mit deftigen Speisen. Das Wildbret wird auch außer Haus verkauft. Sennhütte 1, Salzhemmendorf, Tel. 05 04 4 47 92, www.stuckis-sennhuette.de.

AKTIV

Der **Ith-Hils-Weg** (80 km, 7 Tagesetappen, s. Favoriten S. 46) ist besonders schön zur Anemonen- (April/Mai) und Lerchenspornblüte (Juni).

INFORMATION

Flecken Salzhemmendorf
Hauptstr. 2, 31020 Salzhemmendorf
Tel. 05 15 3 80 80, www.salzhemmendorf.de

4 Hameln

Die **Rattenfängerstadt** **TOPZIEL** (57 200 Einw.) hat sich seit ihrer Gründung um das Jahr 1200 prächtig entwickelt. Dank Schifffahrt und Handel kamen Kaufleute und Landadel zu Reichtum. Davon zeugen heute noch die Bauten der Weserrenaissance. Mit 1,2 Mio. Übernachtungen ist Hameln das touristische Zentrum des Weserberglandes.

SEHENSWERT

Die Fassaden der Weserrenaissance in der **Altstadt** sind gut erhalten; im Straßenpflaster weisen Ratten den Weg zu den schönsten Gebäuden. Am **Rattenfängerhaus** (Osterstr. 28) erinnert an der Seite zur Bungelosenstr. eine Inschrift an den flötenden Mann im bunten Tuch. Am **Haus Nr. 12** sollen Neid- und Abwehrköpfe Brand, Hochwasser, Hungersnot und Seuchen abwehren. Das **Leisthaus** ist ebenfalls reich verziert, es wurde für einen Kornhändler erbaut (heute Stadtmuseum). Das **Stiftsherrenhaus** (1558) nebenan mit einigen biblischen Motiven ist in Hameln das einzige Fachwerkhaus der Renaissance mit figürlichen Darstellungen. Das **Hochzeitshaus** (1617) ist das letzte im Stil der Weserrenaissance erbaute Gebäude in Hameln. An der Fassade ist das Figurenspiel tgl. 13.05, 15.35 und 17.35 Uhr zu sehen. Um 9.35 Uhr lassen die Glocken am Westgiebel das Rattenfängerlied erklingen, um 11.45 Uhr das Weser-Lied. In der **Kleinen Straße** wurden 1699 hugenottische Glaubensflüchtlinge angesiedelt. Gute Aussicht bekommt, wer den Turm der **Marktkirche St. Nicolai** (12. Jh.) oder die Münsterkirche St. Bonifatius (812 als Urzelle Hamelns gegr.) besteigt. Glaubensflüchtlinge aus den Niederlanden errichteten im 16. Jh. das **Dempterhaus**. Im **Haspelmathturm** (15. Jh.) wurde schon im 18. Jh. Kunst gezeigt. Die Künstlergruppe Arche setzt die Tradition fort (Kastanienwall 12, Mi. 11.00–13.00, Sa. 10.00–13.00, So. 11.00–14.00 Uhr, www.kuenstlergruppe-arche.de).

MUSEUM

Das **Museum Hameln** präsentiert in erfrischender Art 1300 Objekte der Stadtgeschichte. Die Besiedlung des Weserberglandes wird gekonnt vermittelt. Das moderne Rattentheater verblüfft die Zuschauer (Osterstr. 8–9, Di.–So. 11.00–18.00 Uhr).

ERLEBEN
Im **Hefehof** werden Musik, Literatur und Kunst geboten (Hefehof 2, www.hefehof.de). In der **Schauglasbläserei** im alten Pulverturm aus dem 15. Jh entstehen in nur 30 Min. aus flüssigem Glas vielfältige Formen (Glashütte Hameln, Am Pulverturm 1, Mo.–Sa. 10.00–13.00, 14.00–18.00, So. 10.00–17.00 Uhr, www.glasblaeserei-hameln.de). Auf der **Hochzeitshaus-Terrasse** wird die Rattenfängersage lebendig. In einem **Freilichtspiel** sind Hamelner in historischen Kostümen zu sehen. Ob Walzer oder Rap, beim Musical RATS findet jeder seinen „Ohrwurm". Beide Aufführungen sind kostenlos (Freilichtspiel: Mai–Sept. So. 12.00–12.30 Uhr, Musical: Mai–Sept. Mi. 16.30 Uhr). **Stadtführungen:** April–Okt. tgl. 10.30, 14.30, Jan. bis März, Nov. Sa. 14.30, So. 10.30, Dez. tgl. 10.30; Erlebnisführungen April–Okt. Do. 18.00, Fr., Sa. 21.00 Uhr.
Angebote zu **Schiffsausflügen** unter www.flotte-weser.de und Tel. 05 15 1 93 99 99.

HOTEL
€ € € Ringhotel Stadt Hameln liegt an der Weser. Das Traditionshaus verfügt über Restaurant, Biergarten und eine schicke Wellnessabteilung. Münsterwall 2, Tel. 05 15 1 9010, www.hotel-stadthameln.de.

RESTAURANT
Auf dem **€ € Werder** kann herzhaft gespeist werden. Der Biergarten überrascht mit einer Weinlaube. Inselstr. 6, Tel. 05 15 1 5 99 99, www.die-insel-hameln.de.

INFORMATION
Hameln Marketing und Tourismus GmbH
Deisterallee 1, 31785 Hameln
Tel. 05 15 1 95 78 23, www.hameln.de

5 Bad Münder

Zwischen Deister und Süntel liegt der Kurort (17 300 Einw.), der sich auch gerne „Stadt der Heilquellen" nennt. Seit 1033 wird Salz gewonnen. 1879 entstand das erste Kurbadehaus.

SEHENSWERT
Der Söltjer-Rundweg (Söltjer hießen die Salzarbeiter) führt in einer Stunde zu **Ackerbürgerhäusern**, dem ältesten Fachwerkhaus und dem **Steinernen Haus**, heute Kornhus (Marktstr. 13). Am **Rathaus** mit dem **Söltjerbrunnen** können Salzsieder und Salzträger bei ihrer Arbeit betrachtet werden. Täglich um 9.15, 12.15 und 16.15 Uhr erklingt ein Glockenspiel. Im Kur- und Landschaftspark ist ein **Gradierwerk** in Betrieb.

INFORMATION
Tourist-Info und GeTour GmbH, Hannoversche Str. 14a, 31848 Bad Münder, Tel. 05 04 2 92 98 04, www.oestliches-weserbergland.de

Genießen Erleben Erfahren

DuMont Aktiv

Von Polle nach Bodenwerder

Den schönsten Abschnitt der Weser vom Kanu aus erleben – davon träumen viele. Steile Kalksteinfelsen wechseln mit weiter Flusslandschaft. Die Ottensteiner Hochfläche, die Burg Polle mit der Gierseilfähre und die liebliche Weite der Weserschleife beim Dorf Dölme sowie der Vogler und die Rühler Schweiz sind reizvolle Elemente auf der Flussfahrt. Sie führt ab Polle 19 Kilometer lang flussabwärts bis Bodenwerder.

„Es ist wegen seiner Vielfalt und seiner romantischen Perspektiven eine der beliebtesten Kanutouren auf der Weser", stellt Thomas Venter fest. Er organisiert die Paddeltouren von April bis Oktober. „Schöne Weser" nennt sich dieses Angebot. Dazu gehören ein Leihboot sowie eine genaue Einweisung in die Welt des Paddelns. Für Ungeübte ist das oft eine Herausforderung. „Aber das ist alles schnell vermittelt", betont Venter. Karten werden ausgeteilt, wobei die Weser die Richtung vorgibt.

Wer mehr möchte, geht auf die „Lange Weser". Das sind 4,5 Stunden und 25 Kilometer. Diese Tour startet ebenfalls in Polle, führt aber über Bodenwerder hinaus bis Hehlen, wo sich im Schloss „Die Kaffeewirtschaft" befindet (s. Favoriten S. 22). Wer sich mit dem Element Wasser mehr vertraut machen möchte, kann zum Floßbau kommen, Schlauchboottouren buchen oder das Übernachten im Heuhotel mit einer Kanu- und Planwagenfahrt kombinieren.

Weitere Informationen

- **Preise:** „Schöne Weser" (3 Std.) Paket samt Leihboot, Einführung, Schwimmwesten und Gepäcktonne sowie Transfer von Boot und Gast zurück zum Ausgangsort 20 Euro. Termine lassen sich frei mit dem Anbieter vereinbaren.
- **Start und Ziel:** Polle
- **Kontakt:** Kanu WasserWanderService Zum Mühlensiek 13, 31848 Bad Münder/Böbber, Tel. 05 04 2 74 70 www.paddeltouren.de

Der träge dahinströmende Fluss verleiht den Kanus gemütliche Fahrt. So erleben Gäste den schönsten Teil der Weser sehr bequem. Die beschriebene Tour dauert etwa drei Stunden.

Im Glanz der Fürsten

Das Schaumburger Land war eigenständig bis 1946. Heute noch hält ein umtriebiger Fürst in Bückeburg Kulturinteressierte auf Trab und die Hofreitkunst hoch. Was Rinteln und seine Ortsteile bieten, ist bemerkenswert, und reicht bis zur Rettung alter Kirschensorten. Und Goethe war auch schon da, wie sich jüngst herausstellte.

Auf Schloss Bückeburg residierten einst die Fürsten von Schaumburg-Lippe. Eine Goldmosaikkuppel ziert das Mausoleum im Schlosspark.

Bildreihe oben: Rund um den Marktplatz von Rinteln gruppieren sich die schönsten Fachwerkbauten. Unten: Wasserschloss Bückeburg repräsentiert im Großen Festsaal (1893–1897) den überbordenden Stil des Rokoko.

Der Ausblick ins Wesertal gab der „Schauenburg“ ihren Namen. Vom kegelförmigen Nesselberg im Wesergebirge unweit der Rintelner Altstadt lässt sich bestens das Geschehen unten im Lande beobachten. Dazu steigt man entweder auf den Georgsturm in der Burg oder stellt sich an das Panoramaschild an der Brüstung, die sich passend „Himmelspforte“ nennt.

1119 wurde die Burg erstmals unter Adolf I. von Holstein-Schaumburg erwähnt. Sie diente als Stammsitz der Grafen von Schaumburg, die im 13. Jahrhundert begannen, das Oberwesergebiet, Ostholstein und Mähren zu kolonisieren. Nicht nur die nächstliegenden Städte Rinteln, Bückeburg, Stadthagen und Hessisch Oldendorf sind Gründungen der Schaumburger, auch Lübeck und Kiel gehören dazu. 1647 kamen aus einer Nebenlinie die Grafen von Lippe hinzu – das Haus Schaumburg-Lippe entstand.

Kultur im Schloss

Hauptstadt des bis 1946 selbstständigen deutschen Landes Schaumburg-Lippe als Grafschaft und Fürstentum war Bückeburg. Im Schloss wohnt auch heute noch der „Chef“ der Adelsfamilie, Alexander Fürst zu Schaumburg-Lippe. Der kulturinteressierte Fürst öffnet die Türen seines Schlosses gern für die Allgemeinheit. So wird der prunkvolle Festsaal oft zur Kulisse für Konzerte. Von der „Landpartie“ im Frühsommer und dem mittelalterlichen Spectaculum im Juli bis zum „Weihnachtszauber“ an den ersten beiden Wochenenden im Advent reichen die Ausstellungen und Darbietungen. Das Schloss ist auch eine Station bei der Oldtimer-Rallye „Schaumburg Classics“. Der 80 Hektar große Park mit einem der größten Mausoleen Europas lohnt den Besuch. Nicht zu vergessen ist die Hofreitschule – die einzige in Deutschland (siehe DuMont Thema S. 92).

Picknick auf Hohenstein

Beliebt ist das Wandern und Radfahren im Schaumburger Land. Zu den

Einen Einblick in die Launen und Möglichkeiten der Natur
gewährt die Süntelbuchenallee von Bad Nenndorf.

Östlich von Hessisch Oldendorf liegt der Süntel. Höchste Erhebung ist die Hohe Egge (440 m) mit dem Sünteltum. An dessen Fuß liegt eine Gaststätte.

Ausgedehnte Wälder laden im Süntel zum Wandern ein.

Süntelbuchen

Special

Als Teufelsholz verfeuert

Als botanische Rarität fällt die Süntelbuche ins Auge. Ihre verdrehten, hängenden Zweige und der kurze Stamm machen sie unverwechselbar und zur Vorlage für Träumereien. Eine Laune der Natur, vermutlich durch Mutation hervorgerufen, ließ sie entstehen. Die Süntelbuche ist eine skurril veränderte Form der Rotbuche. Das aber regt die Fantasie an und liefert Stoff für Sagen.

Die Stämme sind mit höchstens zwei Metern extrem kurz und kräftig, zeigen Drehwuchs und Knickungen. Gedreht und geschlängelt formen sich auch die Äste, die in Trauerwuchsform oft bis auf den Boden herabhängen. Bei Regen lässt sich unter dem Blätterdach also Schutz finden. Im 19. Jh. gab es ganze Bestände davon wie etwa bei Hülsede. Doch da die Stämme als Bauholz nicht taugten, wurden die als „Teufelsholz" abgetanen Bäume gerodet und verfeuert. Die Anzucht ist schwierig, weil die meisten Ableger der Süntelbuchen den geraden Wuchs einer Rotbuche zeigen. Auch ist die Lebensdauer gegenüber einer „normalen" Buche deutlich vermindert: die verdrehten, oft waagerecht wachsenden Äste fördern das Auseinanderbrechen des Baumes. Statt um die 300 Jahre zu erreichen, werden die Süntelbuchen bestenfalls halb so alt.

Dennoch stehen im Süntel, wo sie ihren Namen erhielten, beeindruckende Exemplare auf dem Dachtelfeld bei Langenfeld. Einige der etwa 120 Jahre alten Bäume leiden allerdings am Zunderschwamm, einem Pilz, der Weißfäule auslöst. Am Parkplatz des Forsthauses Langenfeld stehen jüngere Exemplare. Zwischen Auetal-Antendorf und Auetal-Raden wächst eine Süntelbuche am Baumlehrpfad. In Hülsede am Kriegerdenkmal stehen ältere Exemplare, ebenso im Kurpark von Bad Nenndorf sowie im Schlosspark von Bückeburg.

bevorzugten Wanderrevieren zählen die Bückeberge genauso wie Wesergebirge, Auetal und Süntel. Besonders dieser kompakte, bis zu 440 Meter hohe Bergstock hat es den Besuchern angetan. Sie lieben es, den Sünteltum und die Hohe Egge zu erwandern. Sie wollen das Erlebnis nicht missen, etwa von der Papp-Mühle bei Zersen aus, den Hohenstein zu überqueren. Dieser Teil des Süntel bildet das größte Felsmassiv im Weserbergland. Um die Felsvorsprünge Grüner Altar, wo schon Germanen ihre Opfergaben ausgelegt haben sollen, Teufelskanzel und Hirschsprung ranken sich viele Sagen. Die Blicke ins Wesertal sind von dort oben einmalig. Ein halber Tag reicht aus, um sich auf den gut ausgeschilderten Routen durch den Hohenstein zu bewegen. Ein Picknick auf einer der Klippen, die bis zu 50 Meter steil abfallen, kann zum Höhepunkt so einer Tour werden.

Abwärts im Glasaufzug

Wer tief in die geologische Geschichte einsteigen möchte, sollte an den Nordrand des Hohensteins fahren. Hier hat Regen ein System von Löchern ins wasserlösliche Kalkgestein gearbeitet. Hohlräume bildeten sich, durch die immer mehr Wasser floss. So entstand südlich von Langenfeld die Schillat-Höhle. Sie

Gleich mehrere Parks bietet Bad Eilsen seinen (Kur-)Gästen, oft inklusive Musik.

Bevor die Fürsten von Schaumburg-Lippe sich in Bückeburg eine Residenz einrichteten, unterhielten sie in Stadthagen ihren Sitz. Fürstliches Ambiente bietet heute der Stadtgarten.

Rasen betreten erwünscht!
Stadthagens Stadtgarten ist zum Erholen da.

Kein Verirren mehr: Mit der Draisine saust man – am besten in Gesellschaft – zielsicher durchs Extertal.

ist etwa 400 Meter lang, wovon 180 Meter besichtigt werden können, und liegt 45 Meter unter der Erde. In einem verglasten Aufzug geht es in die Tiefe. Die nördlichste Tropfsteinhöhle Deutschlands wurde 1992 bei Sprengarbeiten im Steinbruch entdeckt. In ihm wird seit Jahrzehnten Kalkstein abgebaut. Der Blick in den Tagebau vom Rand aus ist beeindruckend.

Rundgang durch Rinteln

Ebenso weitreichend ist der Ausblick von der Rintelner Weserbrücke. Etwa 15 Kilometer westlich liegt Porta Westfalica, der Durchbruch der Weser zwischen Wiehen- und Wesergebirge. Ein paar Kilometer östlich erhebt sich die Schaumburg, von wo aus Rinteln erst gegründet wurde. Bis weiter östlich zum Süntel reicht der Blick. Ein paar Schritte weiter zeigt sich die Schönheit der Fachwerkstadt. Rinteln hat mit dem Marktplatz und den Cafés darauf einen markanten zentralen Punkt. Ob der Münchhausen-Hof, das Archivhäuschen nebenan mit den Symbolen für Glaube, Liebe und Hoffnung oder die Universität, die von 1621 bis 1806 Studenten ausbildete, ein Rundgang lohnt sich. Frühere Flächen vom Kiesabbau bilden den Doktorsee, ein Freizeitgelände mit Campingplatz. Der Name geht auf die Doktorweiden zurück, denn noch vor dem Kiesabbau hatten die Professoren dort ihr Vieh gehalten.

Wo Goethe malte

Der Rintelner Ortsteil Exten kann mit einer anderen Besonderheit aufwarten: Goethe war hier. 2008 nahm man im Leipziger Museum der Bildenden Künste ein Bild, das der Dichter gemalt hatte, genauer unter die Lupe. Die Buchstaben „ex" und „en" kamen zum Vorschein. Das war Exten. Zudem schrieb Goethe 1783 seiner Vertrauten Charlotte von Stein: „Hier schick ich die Zeichnung von Exten." Als Dreißigjähriger kam Goethe 1779 nach Exten, um die junge, reiche Witwe Isabella von Wartensleben zu besuchen. Im Gutspark erinnert eine Statue an Goethes Besuch, der hier besagte Zeichnung anfertigte. Doch warum zeigt die Skulptur Goethe mit hochgekrempelter Hose? Damals verfasste er die Ballade „Der Fischer", worin es heißt „das Wasser rauscht, das Wasser schwoll" und später „halb zog sie ihn, halb sank er hin". Damit, so sind sich die Heimatforscher sicher, kann nur die Exter gemeint sein.

Die Ballade „Der Fischer" kann Goethe an den Ufern der Exter gedichtet haben.

Rettet die Kirschen

Ortsteil Todenmann macht durch die Rettung der Ochsenherzkirsche von sich reden: Nachdem die Hälfte des Bestandes an alten Kirschbäumen abgestorben ist, sollen die verbliebenen 680 Exemplare um jeden Preis erhalten bleiben. Sie sind von unschätzbarem Wert, weil sie Kirschen aus jahrhundertelanger Züchtung hervorbringen. 40 Sorten sind identifiziert, darunter gelbe und rotbunte. Da die industrielle Züchtung aber auf „groß und rot" hinauslief, wurden diese vernachlässigt. Das soll sich nun ändern. Interessierte Bewohner werden im Pflegen und Bewahren der alten Sorten geschult.

HOFREITSCHULE

Hier tanzt das Pferd

Deutschlands einzige Hofreitschule befindet sich im historischen Marstall von Schloss Bückeburg. Was barocke Reitpferde lernen und zeigen – Kampfkunst zu Musik oder einfallsreiche Sprünge – das ist hier live zu erleben.

Die „Weißgeborenen" sind von Geburt an rein weiße Pferde mit blauen Augen, also keine Schimmel, die erst im Laufe der Zeit ihr weißes Fell bekommen.

Die Pferde wollen dem Menschen gefallen, wir geben ihnen den Spaß, den sie brauchen." Was Hofbereiterin Diana Krischke beschreibt, ist die hohe Kunst des Barockreitens. Zusammen mit ihren Eltern leitet die junge Frau die 2004 wieder belebte Hofreitschule in Bückeburg. 22 Pferde geben hier ihr Bestes. Es sind ausgesuchte Exemplare, die Familie Krischke für die große Symbiose zwischen Pferd und Reiter schult. „Mit meinem ‚Professor' trainiere ich 20 Minuten am Tag", erläutert Diana Krischke ihr Trainingspensum, „mehr ist nicht nötig, denn er soll Spaß dabei haben und Lust, Neues kennenzulernen."

Feinste Rassepferde

Das Neue ist das Alte, denn immer wieder schaut Diana Krischke historische Zeichnungen an, von denen auch einige im Marstallmuseum hängen. „Darauf sehe ich, welche Figuren früher geritten wurden, das machen wir nach", beschreibt die begnadete Reiterin ihr Vorgehen. Sie schreitet den gesamten Stalltrakt ab und tätschelt fast jedes Pferd in der Box. Die Rassen sind verschieden: Da sind Berber zu sehen, Lipizzaner, Lusitanos und die „Knabstrupper", auch „getupfte Dänen" genannt. Mit den Punkten im Fell ähneln sie dem Pferd von Pippi Langstrumpf, das „Kleiner Onkel" hieß. Von den neun Barockpferderassen auf der Welt hat die Hofreitschule mindestens je ein Pferd im Stall. Der ganze Stolz aber gebührt den „Weißgeborenen". „Das sind keine Schimmel, die mit den Jahren ihre Pigmentierung verlieren", verdeutlicht die Barockreiterin, „diese kommen weiß auf die Welt." Es war die Zierde des Hochadels.

Die tanzenden Pferde

Seit 1610 tanzen in Bückeburg Pferde zu Barockmusik. Als im 15. Jahrhundert die Schusswaffen den Säbelnahkampf ersetzten, war diese Art von Kampfreiten nicht mehr gefragt. Der Kampf vom Pferd aus auf dem Schlachtfeld entwickelte sich zur Kunstform, wurde in die Halle verlegt und mit Musik untermalt. Das ist jetzt auf der Reitbahn im Historischen Reithaus zu

Die Vorführungen zeigen, wie sich auch Damen mit wallenden Gewändern auf dem Ross elegant platzieren können.

Herrliche Pferde und authentisch im Stil des Barock kostümierte Reiterinnen und Reiter bestreiten die Vorführungen. Viel pferdebezogene Pracht zeigt auch das Marstallmuseum auf Schloss Bückeburg (unten).

Fakten

Pferderassen in Bückeburg:
Reine Spanische Rasse,
Lusitanos
Geneten, Lipizzaner,
Knabstrupper, Berber,
Murgesen, Frederiksborger

Besichtigungszeiten:
Stallungen und Marstallmuseum tgl. 10.00–17.00 Uhr

Reitkunstvorführungen und öffentliches Training:
wechselnde Termine, siehe Webseite

Fürstliche Hofreitschule Bückeburg
Schlossplatz 7b
31675 Bückeburg
Tel. 05722 89 83 50
www.hofreitschule.de

sehen. Die Zuschauer staunen, wenn sie die in frühbarocken Kostümen gekleideten Reiter sehen, und dazu die herausgeputzten Pferde. Im Spanischen Schritt mit ausgestrecktem Bein bewegen sich die Barockpferde im Takt der Musik. Dann balancieren sie sekundenlang auf den Hinterbeinen. Grandios ist die Kapriole, wobei das Tier in die Luft springt und auf dem höchsten Punkt gleichzeitig mit den Vorderhufen nach vorn und den Hinterhufen nach hinten ausschlägt. Die Vorstellung, dass dieser tödliche Verteidigungssprung, im rechten Moment des Schlachtgetümmels ausgeführt, Pferd und Reiter das Leben retten konnte, ist atemberaubend. Mit diesem Spagat mähte das Kampfpferd die feindlichen Fußsoldaten nieder.

Im Marstallmuseum

„Hundert der Schwarzen Reiter konnten Kriege entscheiden", erinnert Diana Krischke beim Rundgang durch das Marstallmuseum an die einstige Leibgarde des Grafen Wilhelm. Die Nachbildung eines dieser großgewachsenen Reiter ist hier zu sehen. Auch eine Königskutsche von 1880 steht da. Sie hat schon Gummiräder, war also leiser als die sonst üblichen Karossen. Säbel, Pferdegeschirre und Brandzeichen gehören ebenso zur Ausstattung des Museums.

So zeigt sich, dass sich die Hofreitschule auf Augenhöhe befindet mit den anderen in der Welt: Neben der bekannten Spanischen Hofreitschule in Wien gibt es die portugiesische in Queluz sowie die Königlich Andalusische in Jerez de la Frontera (Spanien). Dann sind im Cadre Noir von Saumur in Frankreich noch Hofreiter aktiv. Und nun also auch wieder in Deutschland mit den tanzenden Pferden von Bückeburg.

Bild rechts oben: Die Kapriole gehört zu den eindrucksvollsten Figuren. Unten: Die Hofbereiterinnen nehmen mit ihren Schützlingen Aufstellung.

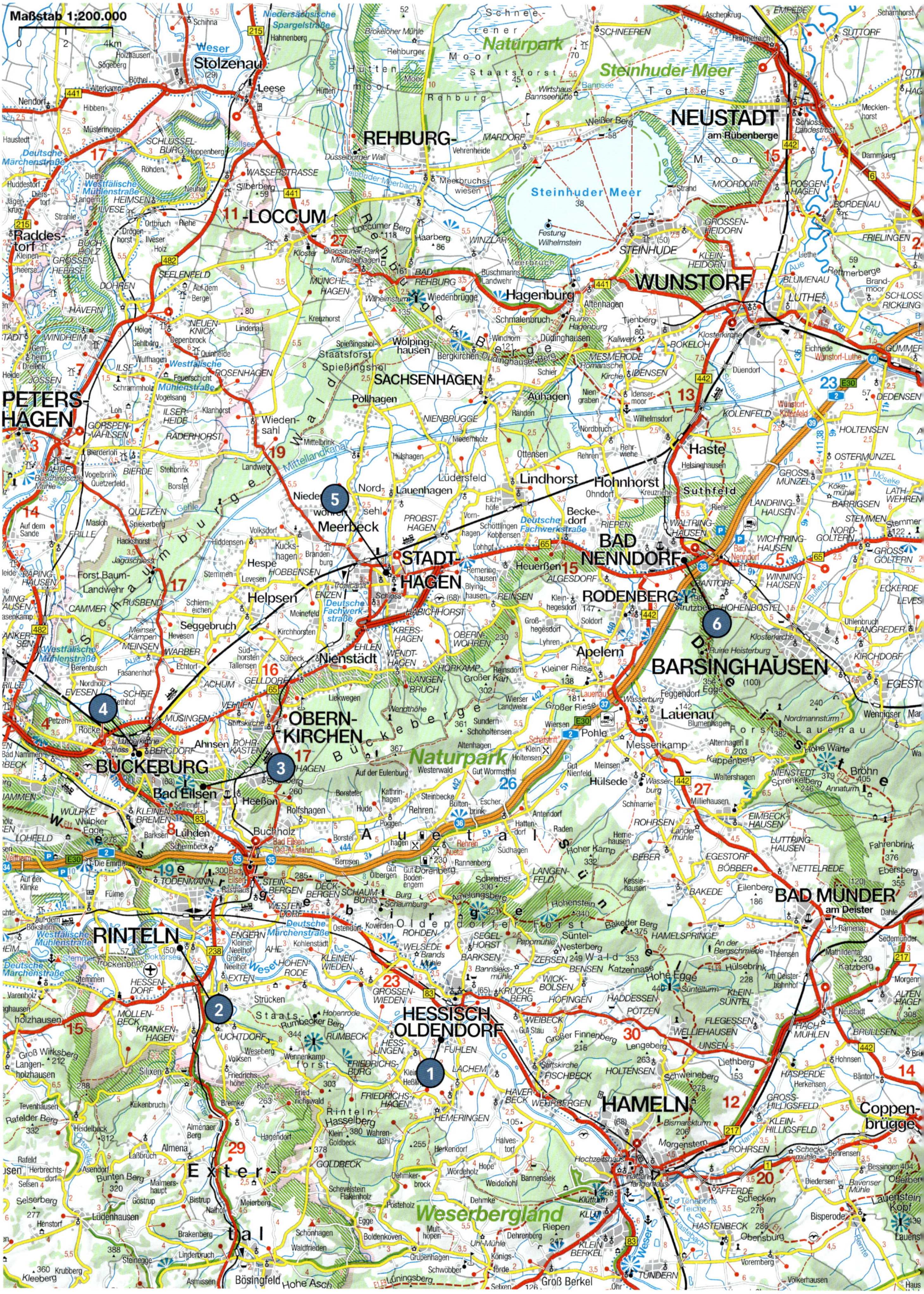
Maßstab 1:200.000
0
1
2
4km
Stolzenau
Leese
Naturpark
Steinhuder Meer
NEUSTADT
am Rübenberge
REHBURG-
LOCCUM
Steinhuder Meer
Festung Wilhelmstein
STEINHUDE
WUNSTORF
Hagenburg
PETERSHAGEN
SACHSENHAGEN
Wiedensahl
Pollhagen
Lindhorst
Hohnhorst
Haste
Suthfeld
Lauenhagen
Lüdersfeld
Meerbeck
STADTHAGEN
BAD NENNDORF
RODENBERG
Helpsen
Hespe
Seggebruch
Nienstädt
Apelern
BARSINGHAUSEN
OBERNKIRCHEN
BÜCKEBURG
Bad Eilsen
Heeßen
Lauenau
Messenkamp
Hülsede
Naturpark
Rinteln
HESSISCH OLDENDORF
HAMELN
BAD MÜNDER
am Deister
Coppenbrügge
Weserbergland
Exter-tal
Deutsche Märchenstraße
Westfälische Mühlenstraße
Deutsche Fachwerkstraße
Mittellandkanal
Weser
Bückeberge
Auetal
Süntel
Deister
1
2
3
4
5
6

Im Glanze der Grafen

Die einzige Hofreitschule in Deutschland strahlt ihren Glanz in Bückeburg aus. Dort steht auch das Wasserschloss des Fürsten zu Schaumburg-Lippe. Mit Süntel, Wesergebirge und den Bückebergen besitzt die Region, die sich bis zum Steinhuder Meer zieht, auch herrliche Wandergebiete.

1 Hessisch Oldendorf

Im 13. Jh. gründeten die Grafen von Schaumburg-Holstein die Stadt (18 000 Einw.). Durch Erbteilung gelangte Oldendorf 1647 in den Besitz der Landgrafschaft Hessen-Kassel (bis 1866).

SEHENSWERT
Die **Altstadt** besticht mit sanierten Fachwerkhäusern und hübsch angelegten Plätzen. Wahrzeichen sind die Kirche **St. Marien** (14. Jh.) mit ihrem mächtigen Wehrturm sowie der **Baxmann-Brunnen**.

UMGEBUNG
Der **Süntel** TOPZIEL (8 km nord-östl.) gehört zu den schönsten Wanderregionen des Weserberglandes. Hier sind die Klippen vom Hohenstein, die bis zu 50 m steil abfallen, ein herausragendes Ziel. Schon die Germanen sollen hier ihre Götter verehrt haben. Heute sind Wände zum Klettern freigegeben. Der Turm (1899) auf der Hohen Egge (440 m) kann bestiegen werden (Wanderwege ab Pötzen, Flegessen und Hamelspringe). Die **Schillat-Höhle** (7 km nord-östl. bei Langenfeld) lockt mit schönen Tropfsteinen (April–Okt. Mi. 14.00–18.00, Sa., So. 10.00–18.00, Ferien zus. Di.–Fr. 14.00–18.00 Uhr, Nov.–März nur Sa., So., www.schillathoehle.de). **Stift Fischbeck** (6 km süd-östl.) wurde als „Zufluchtsort für jungfräuliche Damen des Adels" 955 gegründet (April–Okt. Di. bis So. 9.30–16.30 Uhr, www.stift-fischbeck.de).

INFORMATION
i-Punkt Hessisch-Oldendorf
Marktplatz 13, 31840 Hessisch Oldendorf
Tel. 05 15 2 78 21 64
www.westliches-weserbergland.de

2 Rinteln

Die Schaumburger Grafen legten um 1230 die Stadt (25 600 Einw.) im Schachbrettmuster an. Ab 1651 war Rinteln Regierungssitz der Grafschaft Schaumburg.

SEHENSWERT
Der **Marktplatz** blieb seit dem 13. Jh. in seiner ursprünglichen Form erhalten. Ein Rundgang durchs Fachwerkensemble empfiehlt sich. Die dreischiffige Hallenkirche **St. Nikolai** ist Wahrzeichen und Mittelpunkt der lebendigen Stadt. Das **Archivhäuschen** (1565) in der Ritterstr. soll das kleinste Gebäude im Stil der Weserrenaissance sein. Im historischen Gebäude der Eulenburg wird im **Museum Rinteln** die Regionalgeschichte mit Hexenverfolgung präsentiert (Klosterstr. 21, Di.–So. 14.00–17.00 Uhr, www.eulenburg-museum.de). Das Haus Weserstraße 11 erinnert an die Zeit, als Rinteln Universitätsstadt war. Hier wohnten die Studenten der Academia Ernestina. Die **Jacobi-Kirche** in der Klosterstraße gehörte zum Jakobskloster, in dessen Räume die **Universität** 1621 einzog. Sehenswert ist auch die freitragende **Weserbrücke** mit 85 m lichter Weite ohne Pfeiler.

Eine sehenswerte Anlage: Burg Schaumburg auf dem Nesselberg

ERLEBEN
Mit einem **Schienenfahrrad** geht es auf 18 km von Rinteln bis Alverdissen im Extertal und zurück (6 Std. Fahrzeit). Eine **Draisine** können zwei bis vier Personen fahren (Abfahrt Extertalstr. 35, April–Okt., www.draisinen.de).

UMGEBUNG
Das **Benediktinerinnenkloster Möllenbeck** (5 km südwestl.) wurde 896 gegründet und danach mehrfach zerstört. Die meisten Bauten wurden 1478–1505 errichtet und gelten als einzigartiges mittelalterliches Baudenkmal. Sehenswert ist auch der Bildteppich (Führungen April–Okt. jeden 2. So. im Monat 11.00 Uhr). Oberhalb des Ortsteiles Schaumburg thront auf dem 225 Meter hohen Nesselberg seit dem 13. Jh. die **Burg Schaumburg** (mehr zur Burggaststätte mit toller Aussicht S. 22). Von hier kann in 30 Min. zur Paschenburg gewandert werden. Auf der Aussichtsterrasse werden regionale Gerichte serviert (www.restaurant-paschenburg.de).

INFORMATION
Tourist-Information, Marktplatz 7
31737 Rinteln, Tel. 05 75 1 40 39 80
www.westliches-weserbergland.de

3 Bad Eilsen

Im „Schwefel- und Schlammbad" (2600 Einw.) wurde nach den Plänen der Gräfin Juliane zu Schaumburg-Lippe 1802 das erste Badehaus errichtet. Der Kurpark mit Rosarium und altem Baumbestand bezaubert noch heute.

SEHENSWERT
Das große **Logierhaus** (1810) ruht wegen des morastigen Bodens auf Buchenholzpfählen. Der „Fürstenhof" zählte nach seiner Eröffnung 1918 zu den besten Hotels Europas. Stars und Sternchen aus Film, Politik und Adel trafen sich hier. 1934 tagte hier sogar die Weltwirtschaftskonferenz. Vom 1847 zwischen Bad Eilsen und Bückeburg errichtete **Idaturm** auf dem Harrl (214 m) genießt man gute Aussicht (Fr.–So.).

INFORMATION
Tourismus-Information
Bückeburger Str. 2, 31707 Bad Eilsen
Tel. 05722 8 86 50, www.bad-eilsen.info

4 Bückeburg

Die im 14. Jh. gegr. Stadt (19 300 Einw.) ist geprägt vom Grafen- und Fürstenhaus Schaumburg-Lippe und war bis 1946 Hauptstadt des Freistaates. Neben Staatsarchiv und Staatsgerichtshof residiert hier die Heeresfliegerwaffenschule der Bundeswehr.

SEHENSWERT
Das 1302 erbaute **Wasserschloss** ist noch heute Wohnsitz des Fürsten von Schaumburg-Lippe. Die Familie gehört zum europäischen Hochadel. Prachtvolle Säle und die

Schlosskapelle sind zu besichtigen, das restaurierte Café-Restaurant Alte Schlossküche bietet Menüs. Das Mausoleum im Schlosspark überrascht mit der größten Goldmosaikkuppel Europas (tgl. 9.30–17.00, April–Sept. bis 18.00 Uhr, www.schloss-bueckeburg.de). Neu: Vorführung höfischer Falknerei im Schlosspark. Die **Fürstliche Hofreitschule** TOPZIEL ist die einzige in Deutschland. Hier zeigen Barockpferde die „Hohe Schule" (Schlossplatz 7b, Öffnungszeiten siehe DuMont Thema S. 94).

MUSEUM
Im 1564 erbauten Schaumburger Hof sind im neu konzipierten **Museum Bückeburg für Stadtgeschichte und Schaumburg-Lippische Landesgeschichte** seltene Stücke der Landeskunde und die berühmten Schaumburger Trachten zu sehen (Lange Str. 22, Mi.–So. 13.00–17.00 Uhr, Eintritt frei).

VERANSTALTUNGEN
Das „**Mittelalterliche Spectaculum**" (Juli), die **„Lange Nacht der Kultur**" im Herbst und der „**Weihnachtszauber"** (Anf. Dez.) locken Besucher ins Schloss.

UMGEBUNG
Alle drei Jahre im August (nächstes Mal 2021) bearbeiten Bildhauer und Besucher aus aller Welt auf dem Kirchplatz in **Obernkirchen** (7 km östl.) den hellgelben Sandstein, der in den Kammlagen des Bückeberges gewonnen wird. Auf zwei Wegen sind 50 Skulpturen zu bewundern. Im Berg- und Stadtmuseum wird neben der Geschichte des Sandsteines und der Obernkirchener Steinhauerzunft auch die Glasmacherei und Bergbaugeschichte gezeigt (Kirchplatz 5, Mi. und So. 15.00–18.00 Uhr, www.museum-obernkirchen.de).

INFORMATION
Tourist-Information
Schlossplatz 5, 31675 Bückeburg
Tel. 05722 89 31 81, www.bueckeburg.de
www.schaumburgerland-tourismus.de

Tipp

Hubschrauber fliegen

Im 1463 erbauten Burgmannshof und einem modernen Glasanbau breitet sich das bundesweit einzige Hubschraubermuseum aus. Fünf Generationen von Drehflüglern sind zu bewundern. Begehrt ist der Simulator: in einen Hubschrauber setzen und am Computer durch die Landschaft steuern.

HUBSCHRAUBERMUSEUM
Bückeburg, Sablé-Platz 6
April–Okt. 9.00–18.00 Uhr
Nov.–März 10.00–17.00 Uhr
Tel. 05722 55 33
www.hubschraubermuseum.de

Bückeburg: Mähnenpflege vor dem großen Auftritt (links); der Goldene Saal (rechts).

5 Stadthagen

Die „Stadt der Weserrenaissance" (19 300 Einw.) wurde um 1220 vom Schaumburger Grafen Adolf III. von Holstein-Schaumburg gegründet. Altstadt und Wallanlage zeugen von der Blütezeit im 16. und 17. Jh. Sehenswert ist der große Marktplatz mit den Cafés.

SEHENSWERT
Nach dem Umzug des Rathauses im 16. Jh. in das „Zeughaus" wurde das **Alte Rathaus** im Stil der Weserrenaissance erweitert, heute Sitz der Touristeninformation und des Standesamts (Am Markt 1). 1544 wurde an Stelle einer Wasserburg das **Schloss** gebaut. Der **Park** ist öffentlich, im Schloss befindet sich das Finanzamt. In der gotischen **St. Martini-Kirche** (1318) ist der Altar sehenswert, im angrenzenden siebeneckigen **Mausoleum** des Fürsten Ernst zu Holstein-Schaumburg das Marmor- und Bronzegrabmal von 1622 (Di.–Fr. 10.00 bis 17.00, Nov.–März erst ab 14.00, Sa. 10.00 bis 14.00, So. 13.00–17.00 Uhr). Im 1553 erbauten **Amtshaus** zeigt das **Museum Amtspforte** Stadtgeschichte, dörfliches Leben und Schaumburger Trachten (Obernstr. 32 a, Di.–Fr. 10.00–12.00 u. 15.00–17.00, Sa., So. 15.00 bis 17.00 Uhr, Tel. 05721 92 49 00, www.museum-stadthagen.de).

ERLEBEN
Erlebnisbad Tropicana (Jahnstr. 2, Tel. 05 72 1 97 38 10, www.tropicana-stadthagen.de), siehe Favoriten S. 111.

RESTAURANT
Im **€ € Café Stadtgarten**, einem Lustschlösschen aus dem 17. Jh., werden heute Kaffee und Kuchen serviert. Es steht auf Pfählen in einem Teich im Stadtgarten. Habichhorster Str. 2, Tel. 05721 7 21 01, www.stadtgarten-cafe.de, Di.–So. 10.00–18.00 Uhr.

UMGEBUNG
Rund 250 gut erhaltene Fußabdrücke der Urzeitechsen, 230 lebensechte Rekonstruktionen und viele Mitmach-Aktionen sind im Dinosaurier-Park **Münchehagen** (13 km nördl.) zu erleben (Alte Zollstr. 5, Rehburg-Loccum, März bisOkt. tgl. 9.00–18.00 Uhr, Tel.05037 9 69 99 90, www.dinopark.de). In **Wiedensahl** (11 km

nordöstl.) verbrachte der Humorist Wilhelm Busch 40 Jahre. Sein Geburtshaus ist heute Teil des Museums. Ein Rundweg führt durch den Ort zum Pfarrhaus, in dem sich auch Relikte von Busch befinden (Hauptstr. 68 a, April–Okt. Di.–Fr. 10.00–12.00 u. 13.00–17.00, Sa., So. 10.00–17.00, Nov.–März Fr.–So. 11.00–16.00 Uhr, www.wilhelm-busch-geburtshaus.de). Im 18. Jahrhundert ließ Wilhelm Graf zu Schaumburg-Lippe die kleine Insel der **Festung Wilhelmstein** künstlich im Steinhuder Meer (15 km nördl.) anlegen. Auf der Festung sollten im Falle eines Krieges wichtige Dokumente und Wertsachen in Sicherheit gebracht werden. Bis 1870 diente sie als Gefängnisinsel. Heute kommen Tagesgäste mit „Auswandererbooten" aus Steinhude hierher, es kann auch komfortabel übernachtet werden (www.wilhelmstein.de).

INFORMATION
Tourist-Information, Am Markt 1
31655 Stadthagen
Tel. 05721 92 50 65
www.stadthagen.de

6 Bad Nenndorf

Mit Moor, Sole und Schwefel wird hier seit mehr als 200 Jahren geheilt. Der Ort am Nordwestrand des Deisters (10 900 Einwohner) hat viele alte Gebäude. An die Kurpromenade schließt sich ein 35 ha großer Park mit Süntelbuchenallee an.

MUSEEN
Die ostpreußische Schriftstellerin Agnes Miegel (1879–1964) hat ihren Lebensabend in Bad Nenndorf verbracht. Im **Agnes-Miegel-Haus** wird an sie erinnert (Agnes-Miegel-Platz 3, Mi. 15.00–17.00, So. 10.00–12.00 Uhr, Tel. 05723 91 73 17, www.agnes-miegel-gesellschaft.de). Wie bizarr Bäume wachsen können, zeigt die **Süntelbuchenallee** im Kurpark. Bei den Süntelbuchen handelt es sich um eine Varietät der Rotbuche (s. Special S. 89).

ERLEBEN
Landgrafentherme (tgl. 10.00–21.00, Sa., So. bis 20.00 Uhr, www.landgrafentherme.de, weitere Infos. S. 111).

HOTEL / RESTAURANT
Das ruhig gelegene **€ € € Romantik Hotel Schmiedgasthaus Gehrke** verspricht freundliche Zimmer mit gehobener Ausstattung. Die beiden angeschlossenen Restaurants „August" und „Esse" erfüllen hohe Ansprüche. Im Sommer speist man bei warmem Wetter unter blühenden Obstbäumen. Riepener Str. 21, OT Riepen, Tel. 05 72 5 9 44 10, www.schmiedegasthaus.de.

INFORMATION
Kur- und Tourismusgesellschaft
Hauptstr. 4, 31542 Bad Nenndorf
Tel. 05723 74 85 60
www.badnenndorf.de

Genießen Erleben Erfahren

DuMont Aktiv

Das Beste in zwei Tagen

Die Rundtour per Rad beginnt und endet in Bückeburg. 87 Kilometer führen zu Schlössern, Herrensitzen, durch Wälder und Kurorte. Die zweitägige Tour beginnt auf dem Marktplatz vor dem Bückeburger Schloss. Zunächst führt der Weg nach Westen fast bis Minden. Die Radler machen Station in Petzen und können die Reste einer Gartenanlage im Park der Großen Klus bewundern. In einer Schleife geht es an Seen und Bruchwiesen vorbei zum Bückeburger Bahnhof, dann weiter nach Bad Eilsen mit Kurpark und Fürstenhof. Die Arensburg folgt. Über den Steinberger Pass am Südhang des Wesergebirges führt dann die Waldkaterallee nach Rinteln. Hier suchen sich die Radfahrer ein Quartier, schlendern durch die Gassen der Fachwerkstadt und besuchen das sehenswerte Museum Eulenburg.

Am nächsten Tag geht es zum Kloster Möllenbeck aus dem 7. Jh., dann zum Gut Exten. Dort wohnte einst die junge, reiche Witwe Isabella von Wartensleben, auf die Johann Wolfgang von Goethe ein Auge geworfen hatte. Er besuchte sie in Exten und malte und dichtete fleißig. Über Rinteln und die Schaumburg führt die Schleife dann weiter bergan über die Weserberge nach Steinbergen und schließlich zurück nach Bückeburg.

Weitere Informationen

- **Tour:** Start/Ziel: Bückeburg Marktplatz; Länge: 87 km; 1. Tag: bis Rinteln (49 km), 2. Tag bis Bückeburg (38 km).
- **Strecke:** überwiegend Rad- und Wirtschaftswege sowie verkehrsarme Nebenstraßen, Ausschilderung in einer Richtung.
- **Überblick:** Themenrouten unter www.landtour-bueckeburg.de zum Herunterladen
- **Kartenmaterial** mit Angaben zu Gastronomie und Radreparatur-Service kostenlos bei der Tourist Information Bückeburg (s. dort)

Für Radtouren stehen zwischen April und Oktober auch Elektrofahrräder zum Verleih bereit. Die zweitägige Tour wird auf diese Weise noch bequemer.

HERMANN SCHMIEDING

Vor und hinter der Pforte

Vom lauschigen Innenleben Mindens und dem Südseeflair am Weserstrand bis zu den eleganten Genüssen mit Varieté in Bad Oeynhausen reicht die Vielfalt nördlich und südlich der Westfälischen Pforte. An ihrer Spitze thront das Kaiser-Wilhelm-Denkmal und bietet den besten Überblick.

Zahlreiche Fachwerkschönheiten in Mindens Altstadt geben die perfekte Kulisse für Feste mit und ohne Verkleidung.

Bei einem Rundflug zeigt die Landschaft rund um Porta Westfalica ihr liebliches Gesicht.

Technische Glanzstücke wie das Wasserstraßenkreuz Minden, wo der Mittellandkanal die Weser überquert, werden von oben bestens erfassbar.

Die von Süden kommende Weser bricht an der Westfälischen Pforte durch das Weser- und Wiehengebirge. Das Kaiser-Wilhelm-Denkmal ziert die Ostecke des Wiehengebirges und ist Wahrzeichen der Stadt Porta Westfalica.

„Auch wenn man nur zum Fenster rausschaut, sieht man die Welt."

Wilhelm Raabe (1831–1910)

Es wird Nabucco gespielt. Unterhalb des weithin sichtbaren Kaiser-Wilhelm-Denkmals am Wittekindsberg ist eine Bühne im Freien aufgebaut. Opernklänge sind zu hören. Dazu die abendliche Landschaft mit dem Blick auf Weser, Wesergebirge mit Fernsehturm, Porta Westfalica, Bad Oeynhausen sowie Minden. Was für ein Ort!

Kaiserliche Kulisse

„Wilhelm dem Großen – die Provinz Westfalen" steht in Stein gemeißelt unterhalb des Denkmals auf dem Wittekindsberg. Der Landtag der preußischen Provinz Westfalen mit Sitz in Dortmund ließ zwischen 1892 und 1896 das Standbild, über dem sich ein auffallendes Dach wölbt, für rund eine Million Goldmark bauen.

Das Aufstellen solcher Denkmäler war nach dem Tod Wilhelms I. im Jahre 1888 überall in Preußen üblich. Immerhin war er der erste Kaiser des Deutschen Reichs gewesen. In Bronze gegossen mit Waffenrock und Krönungsmantel und einer Art Lorbeerkranz auf dem Haar steht Wilhelm I. mit erhobener rechter Hand da, ein steingewordenes Monument des nationalistischen Geistes der Gründerzeit. Kaiser Wilhelm II. und Kaiserin Auguste Viktoria kamen 1896 zur Einweihungsfeier, an der rund 20 000 Menschen teilnahmen. Auch heute ist

Rundgang durch Minden: Der Dom (oben) war um 800 Bischofskirche Karls des Großen und zeigt sein monumentales Westwerk. Zum „Freischießen" legen die Mindener historische Kostüme an, zeigen nostalgische Pickelhauben und führen alte Handwerke wie das Wollefärben vor.

Ein gelungener Wurf: das 2001 erbaute Verwaltungsgebäude der Firma Harting in Minden, das der Schweizer Stararchitekt Mario Botta entworfen hat.

Innen zeigt der Botta-Bau eine interessante Gestaltung mit moderner Eleganz.

Mittellandkanal

Special

Kompromiss mit Kanalrebellen

Die längste Wasserstraße in Deutschland, die kein Fluss ist, misst 325,7 Kilometer – der Mittellandkanal.

Der Kanal zwischen Rhein, Weser und Elbe war als Handelsweg gedacht, um die Industrialisierung zu fördern. Weil aber ostelbische Agrarier fürchteten, mit der neuen Wasserstraße kämen billige Konkurrenzprodukte ins Land, z. B. Getreide, wurde als Kompromiss mit den „Kanalrebellen" der Bau nur bis Hannover beschlossen. In Hörstel am Dortmund-Ems-Kanal begann der Aushub; von 1905 bis 1915 wurde der westliche Teil bis Minden fertig gestellt, 1916 Hannover erreicht.

Nach dem Ersten Weltkrieg hatte der Kompromiss keinen Bestand mehr und 1920 erfolgte der Weiterbau nach Osten. 1938 war der Kanal bis Magdeburg fertig. 2003, knapp 100 Jahre nach Baubeginn, wurde der an den Elbe-Havel-Kanal angeschlossen – erst jetzt konnte der Kanal in voller Länge befahren werden. Da der Kanal Elbe und Weser quert, mussten in Magdeburg und Minden Wasserstraßenkreuze gebaut werden. In Minden fahren die Schiffe in einer 398 Meter langen, 1998 neu errichteten Trogbrücke mit vier Metern Wassertiefe über die 13 Meter tiefer liegende Weser. Die Verbindung zum Fluss wird über die Schachtschleuse ermöglicht, die durch eine größere Weserschleuse ergänzt wurde.

Am Wasserkreuz Minden

der Zustrom von Touristen immens. Die Kulisse ist, zumal in der Dämmerung, filmreif. Ob vom vorbeifahrenden Zug oder vom fernen Weserstrand in Rinteln – die Umrisse dieses markanten Bauwerks zeichnen sich bei fast allen Wetterlagen deutlich ab.

Die Mindener Mischung

Über die Glacisbrücke gelangen Fußgänger und Radfahrer schnell in die sehenswerte Innenstadt von Minden. Sie überrascht nicht nur mit dem Dom, der zu den bedeutendsten Sehenswürdigkeiten Mindens zählt. Weiter sind da der Markt mit dem ältesten Rathaus Westfalens (von 1250), das reich verzierte Schmieding'sche Haus und viele kleine Gassen zu erleben. Wer im Biergarten der „Alten Münze" sitzt, auf das Steinhaus vom 13. Jahrhundert blickt oder gegenüber auf das Geschäft mit englischen Waren – hier leben schließlich britische Soldaten und ihre Familien –, ist angetan von einem kleinteiligen, mittelalterlichen Flair aus Stein und Fachwerk. Freundlich grüßen sich die Einheimischen. Bisweilen schlüpfen sie in alte Militäruniformen wie beim Mindener Freischießen. Dann wieder beleben Jazztage die Stadt, Kirchenmusiker und Konzertchöre treten auf, und die Große Oper sowie Brecht-Revuen gehen über die Bühne

Schloss Brake mit seinem auffallenden Turm ist das Wahrzeichen von Lemgo. Bauherr Graf Simon VI. zur Lippe, ein kunstbeflissener Renaissancefürst, ließ dieses Wasserschloss ab 1587 errichten. Heute hat hier das bedeutende Weserrenaissance-Museum seinen Sitz.

1767 nahm das erste Gradierwerk in Bad Salzuflen seinen Betrieb auf. Heute bringt die „Paulinchenbahn" Gäste direkt bis ans neue Gradierwerk, dem modernsten Europas. Hier wird nicht nur Sole verrieselt, sondern es gibt auch eine Nebelkammer mit LED-Licht.

Sich in die Details vertiefen lohnt bei vielen der reich geschmückten Häuser von Lemgo.

Typisch für Bad Salzuflen sind die giebelständigen Fachwerkhäuser, hier ein paar besonders schöne Beispiele in der Langestraße.

Einzigartig verzierte Bauwerke aus seiner Zeit als Hansestadt prägen Lemgo noch heute.

des 1908 eröffneten Stadttheaters. Die Schiffsmühle am Weserufer, südlich der Glacisbrücke, ist Teil der „Westfälischen Mühlenstraße“ mit weiteren 40 Mühlen. Minden liegt auch an der „Straße der Weserrenaissance“. Viele Beispiele für diesen Baustil des 16. und 17. Jahrhunderts mit seinem reichen Zierwerk prägen das Stadtbild. Mit Besucherbergwerk, Dampfeisenbahn und Wasserstraßenkreuz von Mittellandkanal und Weser sowie „potts“-Freizeitpark ist die Metropole des Kreises Minden-Lübbecke ein Ziel vieler Touristen. Die Zeugen der Vergangenheit und Gegenwart sind in Minden allgegenwärtig.

Blauer Dunst aus Vlotho

Südlich der Westfälischen Pforte strahlen Vlotho und Lemgo Bodenständigkeit aus. Dass der Luftkurort Vlotho einst ein Zentrum der Tabakindustrie war, ist seit 1986 Geschichte. Damals schloss die letzte Fabrik. Die 1250 errichtete Höhenburg auf dem Amtshausberg bietet heute noch einen besonderen Ort als Ruine. Hier wird gern geheiratet. Von der Bergkuppe aus genießen die Besucher einen weiten Blick auf Weser und Stadt.

Lemgo, rund 15 Kilometer weiter südlich gelegen, war im Spätmittelalter Mitglied der Hanse. Bauwerke aus jener Zeit prägen das Stadtbild. Die Schnitzereien etwa am Planetenhaus sind einzigartig. Kaufmannshäuser der Spätgotik und Renaissance in der Mittelstraße genießen hohes Ansehen. Das Hexenbürgermeisterhaus von 1571 ist wegen seiner Fensterreihen und vorgeschobenen Vorbauten, der „Utlucht“, ebenfalls eine Besonderheit und wird heute als Museum genutzt.

Strohsemmel und Pickert

Im Tal der Bega im Lipper Bergland gelegen, ist Lemgo im nord- und südwestlichen Teil durch Erdwärme begünstigt. Wärmepumpen sind geplant. Das legt eine Geothermiestudie des Landes nahe. Eine Berühmtheit sind auch Lemgoer Strohsemmel. Ein Bäckergeselle, der als Soldat am Napoleonischen Krieg in Russland teilnahm, hatte das Rezept mitgebracht. Die Hefeteigstücke werden vor dem Backen überbrüht, um sie länger haltbar zu machen. Abgebacken werden sie auf Roggenstroh, was sich am Muster auf der Unterseite erkennen lässt. Zur Strohsemmel passen Marmelade und Honig bzw. für alle, die es rezent mögen, lippische Mettwurst oder Schinken. Pickert sind kleine Kuchen aus Kartoffeln, Hefe und Mehl, die mit Rosinen in der Pfanne gebacken werden. Den Pickert isst man warm, bestrichen mit gesalzener Butter.

Um 1745 wurde in Bad Oeynhausen die erste Solequelle entdeckt, seit 1845 läuft der Badebetrieb. An den Glanz der Gründerzeit knüpft das Kaiserpalais mit seinen eleganten Räumen an.

Bis 1927 schlummerte das Fachwerk von „Haus Malz" in der Lange Straße noch unterm Putz. Freigelegt und mit aufgefrischten Farben zeigt es sich heute als ein Schmuckstück von Vlotho.

Blickfang in Bad Oeynhausen: das 1908 fertiggestellte, neubarocke Kaiserpalais. Außen wird es von einem weitläufigen Park umgeben ...

... innen bietet das Kaiserpalais Raum zum Speisen und für das „GOP-Varieté".

Genuss in Bad Oeynhausen

Kulturelle Genüsse hat Bad Oeynhausen zu bieten. Da spult das GOP-Varieté im Kaiserpalais Artistik und Comedy ab. Ein Restaurant und Diskothek befinden sich ebenfalls in den ehrwürdigen Hallen des früheren Kurhauses im Kurpark, der am Südende noch zwei Höhepunkte bereit hält. Die Bali Therme taucht die Besucher in die Badegenüsse mit südostasiatischem Flair. Der Jordansprudel schießt zu jeder vollen Stunde rund fünf Minuten lang 50 Meter hoch in die Luft. Das Wasser aus der größten, kohlesäurehaltigen Thermalsolequelle der Welt kommt aus rund 700 Metern Tiefe. Im Theater im Park gastieren Schauspiel-Ensembles und Musiker. Die Wandelhalle mit ihren weißen Säulen und der „wandelbar" bietet mit Blick auf Blumen und Wasserspiele einen angemessenen Ort der Zerstreuung. Wohl nirgends sonst hat ein Gäste- und Informations-Center, das in Sichtweite liegt, ein so hübsches Gebäude vorzuweisen.

Gleich um die Ecke am Kurpark befindet sich heute im „Verkehrshaus" ein Café mit Weinstube.

Am Schweinebrunnen

In der Klosterstraße steht der „Schweinebrunnen". Er erinnert an den Bau einer Saline unter König Friedrich II. Colon Sültemeyer, ein Bürger des Ortes, hatte sich 1745 über den salzigen Belag auf seinen Schweinen gewundert, nachdem sie sich im Morast gesuhlt hatten. So wurden die Salzvorkommen entdeckt. 1845 stieß man auf dem Gelände des heutigen Kurparks auf eine Thermalsolequelle. Weiter südlich spielen Kinder im Aqua Magica, einem Park, der im Jahr 2000 zur Landesgartenschau entstand. Ein Krater, aus dem rhythmisch Wasserfontänen schießen, ist eine der Attraktionen. Daneben laden rund ein Kilometer Kletterbahnen des Hochseilgartens zu kleinen Abenteuern ein. Dabei kann man sogar in luftiger Höhe von einer Station zur anderen in einem Reitersattel schwingen.

Die schönsten Wellnessoasen

Zeit zum Abtauchen

Wellness kennt die schönsten Varianten. Das Weserbergland pflegt sie und entwickelt sie fort. Vom Duschen in einer farbigen Regenwolke über eine Mitternachtslounge mit Discjockeys bis zur Sauna im Boot reicht die Wohlfühlpalette.

1

5

1 Wohliges Entspannen

Bequeme Wasserbetten zum Entspannen, eine Meersalzgrotte mit der Frische wie an der See und 32 °C warmes Solewasser in den Innen- und Außenbecken gewähren bestes Erholungsklima. Die Hufeland-Therme hat zudem ein Hamam für Massagen, bietet Rhassoulbäder und der Gast kann sich mit Honig-Rosenöl massieren lassen. Für 16,50 Euro am Tag (ohne Wellness-Anwendungen) ist das eine lohnende Investition in das eigene Wohlgefühl.

Hufeland-Therme
Forstweg 17
31812 Bad Pyrmont
Tel. 05281 15 17 50
www.hufeland-therme.de

2 Farbige Wolke

Zwischen den 1700 m² Wasserfläche dieser Therme sticht eine große Dusche in Form einer Regenwolke hervor. Das Erlebnis eines warmen Gusses ist perfekt, zumal dazu farbiges Licht pulsiert. Glas-Dampfbad, Mini-Gradierwerk, Naturbadeteich und mehrere Saunen machen die Auszeit in dieser Therme besonders. Das „KochWerk" serviert hier regionale Bioküche.

VitaSol Therme
Extersche Str. 42
32105 Bad Salzuflen
Tel. 05222 8 075 40
www.vitasol.de

3 Ein Hauch Fernost

Der Jordansprudel versorgt die Bali Therme mit kohlensäurehaltigem Thermalsolewasser. Schwimmen ist ein Genuss, der Salzgehalt liegt bei 2,6 Prozent, 36 °C warm ist das Wasser. Die exotische Bade- und Saunalandschaft breitet sich über 25 000 m² am Kurpark aus und bietet Pflegezeremonien, wie sie nördlich der Alpen selten sind. Lange Saunanächte und eine Erlebnisgastronomie bieten sich an.

Bali Therme
Morsbachallee 5
32545 Bad Oeynhausen
Tel. 05 73 1 3 05 30
www.balitherme.de

4 Am Pool ist es cool

Die Mitternachtslounge ist sehr beliebt – da gibt es Cocktails am Pool, außergewöhnliche Aufgüsse, wechselnde DJs (erster Fr. im Monat bis 2.00 Uhr morgens). Doch auch sonst bietet die Therme Traumtage, was das Entspannen, Saunieren und Schwimmen im Solewasser angeht. Der Aufguss „Hexenkessel" in der August-Sauna bei 95 °C wird seinem Namen durchaus gerecht.

Ith-Sole-Therme
In der Saale Aue 5
31020 Salzhemmendorf
Tel. 05153 80 30 50
www.ith-sole-therme.de

5 Wohlfühlmühle

Einst gingen hier die Tuchmacher zu Werke, jetzt wird die Walkemühle als Wellnesstempel genutzt. Massagen und Kosmetik stehen im Programm, das sich nebenan im Badeparadies Eiswiese herrlich fortsetzen lässt. Dort versprechen Erd- und Mitternachtssauna, Meeresreizklima im Salionarium sowie ein großes Badeland mit Wildwasserrutsche Abwechslung vom Alltag.

Walkemühle, Brauweg 81
37073 Göttingen
Tel. 0551 50 08 81 71
www.walkemuehle
-goettingen

Badeparadies Eiswiese
Windausweg 60
Tel. 0551 50 70 90
www.badeparadies.de

6 Mit Birkenreisig

Reines Keloholz und Aufgüsse mit Birkenreisig verleihen der Galeriesauna ihren eigenen Charme. Drei finnische Saunen, ein Dampfbad und ein Bionarium für die Lichttherapie setzen den Reigen der „Schwitzkästen" famos fort. Das Thermal-Solewasser in den Schwimmbecken ist 33 °C warm und verspricht innen wie außen volles Vergnügen.

Landgrafen-Therme
Kurhausstr. 2
31542 Bad Nenndorf
Tel. 05723 70 26 85
www.landgrafentherme.de

7 Meditationssauna

Urlaubsgefühl unter Palmen, tropisches Umfeld, Strömungskanal und die 70-Meter-Rutsche würzen den Besuch. Meditationssauna und Thermalsolebecken an den Gradierwerken lassen Körper und Geist zur Ruhe kommen. Das Dach der Therme wird bei Schönwetter aufgefahren: Das Open-Air-Gefühl ist riesig!

Tropicana, Jahnstr. 2
31655 Stadthagen
Tel. 05721 9 73 810, www.tropicana-stadthagen.de

8 Saunieren auf der Weser

Ob Mondscheinschwimmen oder internationaler Frauentag, die Therme versteht sich auf besondere Feiern. Massage und Kosmetik sind in entspannter Vielfalt zu buchen. Das Besondere aber ist das Saunaschiff. In ihm lässt sich bei 80 °C das vorbeifließende Wasser bestaunen, den Kajakfahrern nachschauen und herrlich schwitzen. Seekrank wird niemand: Die Bootssauna ist fest vertäut und legt niemals ab.

Weser-Therme
Kurpromenade 1
34385 Bad Karlshafen
Tel. 05672 9 21 10
www.wesertherme.de

RAHDEN
Diepenau
ESPELKAMP
PETERSHAGEN
Hille
LÜBBECKE
MINDEN
Hüllhorst
BÜCKEBURG
Bad Eilsen
OBERNKIRCHEN
Nienstädt
Helpsen
BAD OEYNHAUSEN
PORTA WESTFALICA
RINTELN
Kirchlengern
LÖHNE
VLOTHO
HERFORD
BAD SALZUFLEN
LEMGO
Dörentrup
Barntrup
Leopoldshöhe
LAGE
Lippe
Kalle-tal
Extertal
Westfälische Mühlenstraße
Deutsche Märchenstraße
Deutsche Fachwerkstraße
Schaumburger Wald
Maßstab 1:200.000
1
2
3
4
5
6
7

Kaiserliche Perspektiven

Der Wunsch, selbst fliegen zu können, stellt sich hier oben beim weiten Panoramablick leicht ein. Das Kaiser-Wilhelm-Denkmal auf dem Wittekindsberg ist ein markanter Schlusspunkt des Weserberglandes. Von Lemgo bis Minden reihen sich dazu wunderschöne Städte auf.

1 Lemgo

Die alte Hansestadt (40 800 Einw.), gegr. 1190, glänzt heute mit historischem Marktplatz, Renaissancebauten und Wallanlagen. Lemgo ist der zentrale Ort im ländlichen Lipperland.

SEHENSWERT
Zehn Weise der Medizin sind im **„Apothekenerker"** (1612) in Stein gehauen. Er ist am **Rathaus** (1325) zu bewundern – ein Kunstwerk von europäischem Rang. Der **„Stein des Anstoßes"** steht auf dem Platz zur Kirche **St. Nicolai** und erinnert an den letzten Hexenprozess in Lemgo, der 1681 abgehalten wurde. Das **Hexenbürgermeisterhaus** (1571), ein Schmuckstück im Stil der Weserrenaissance, gehört zu den Wahrzeichen der Stadt. Ab 1661 bis zu seinem Tode 1683 bewohnte Hermann Cothmann (1629–1683) das Haus, der sich einen üblen Ruf erworben hat: In seiner Amtszeit als Bürgermeister (1667–1683) fungierte das Rathaus als Folterkeller, um von angeblichen Hexen „Geständnisse" zu erpressen. Rund 100 Hinrichtungen gehen auf Cothmanns Konto. Und warum war er ein so eifriger „Hexenjäger"? Ausschaltung politischer Gegner, Bereicherung am Vermögen wohlhabender Opfer waren Motive! Aber wohl auch die Tatsache, dass vor seiner Amtszeit die eigene Mutter wegen Hexerei 1654 hingerichtet worden war.

Tipp

Live und lustig

Das gut eingeführte Lokal bietet vor allem Pizzen und Nudelgerichte. Auch Spargel und Deftiges sind saisonal im Angebot. Große Bierauswahl. Pale Ale ist dabei sowie das Pittermännchen – ein Zehn-Liter-Stichfass für den Tisch. Öfter gibt es Livemusik und immer sind Einheimische zu treffen. Ein lustiger Treff.

ZÜNDKERZE LEMGO
tgl. 18.00–1.00, zusätzlich Sa. u. So. 11.30–14.30 Uhr
Herforder Str. 2, 32657 Lemgo
Tel. 05 26 1 1 77 99
www.zuendkerze-lemgo.de

MUSEEN
In einer der größten mittelalterlichen Burgen Norddeutschlands ist das **Weserrenaissance-Museum Schloss Brake** untergebracht. Es zeigt Sammlungen zur Kulturgeschichte des 16. und 17. Jh. im Weserraum (Schlossstr. 18, Di.–So. 10.00–18.00 Uhr, www.wrm.lemgo.de). Im Wohnhaus des Lemgoer Malers und Bildhauers Karl Junker (1850–1912) wird sein Lebenswerk gezeigt. Architektur, Holzbildhauerei und Malerei bilden im **Museum Junkerhaus** eine Einheit (Hamelner Str. 36, April–Okt. Di. bis So. 10.00–17.00, Nov.–März 11.00–15.00 Uhr, www.junkerhaus.de). Das **Städtische Museum** im Hexenbürgermeisterhaus zeigt Stadtgeschichte sowie Juden- und Hexenverfolgung (Breite Str. 17–19, Di.–So. 10.00–17.00 Uhr, https://hexenbuergermeisterhaus.de/hexenbuergermeisterhaus_home.html).

ERLEBEN
Das **Freizeitbad und Saunaland Eau-Le** verfügt über Hallen- und Freibad mit mehreren Saunen (Pagenhelle 14, Tel. 05 26 1 25 52 24, www.eaule.de). In der Lemgoer Mark, nahe dem Windelstein, bietet ein **Turm** gute Sicht über Lemgo und das Lipperland. Stärkungen gibt es in der Gaststätte „Schöne Aussicht" (Langenfelder Weg 80 a, Tel. 05 26 1 9 88 44 77, www.schoene-aussicht-lemgo.de).

HOTEL
Möbel aus drei Jahrhunderten, Gemälde und moderner Komfort zeichnen das stilvolle **€ € € Hotel Stadtpalais** aus. Papenstr. 24, Tel. 05 26 1 25 89 00, www.schlosshotel-stadtpalais.de.

INFORMATION
Lemgo-Information
Kramerstr. 1, 32657 Lemgo
Tel. 05261 9 88 70
www.lemgo-marketing.de

Fachwerkschmuck vom Feinsten in Lemgo

2 Bad Salzuflen

Schon im 11. Jh. wurde eine Saline urkundlich erwähnt, 1818 startete die erste Badesaison. Patrizierhäuser und Bauten der Weserrenaissance prägen das Bild des Staatsbades (54 700 Einw.) am Rande des Teutoburger Waldes.

SEHENSWERT
Am **Marktplatz** sind prächtige Giebel aus dem 16. Jh. zu bewundern. Eines der ältesten Gebäude (1520) steht in der Wenkenstr. 10 a. Der 120 ha große **Kurpark** mit See, Irrgarten, Barfußpfad, Wildgehege und Voliere ist ein Genuss. Salzgrotte und Leopold-Sprudel sind zu sehen. Ein Erlebnis ist das **Gradierwerk** mit sanfter Musik und farbig wechselndem Sternenhimmel. Es ist eines der modernsten Europas. Im Vitalzentrum (Salinenstr. 1) sind verschiedene Wellnessangebote zu finden. Mehr zur **VitaSol Therme** s. Favoriten S. 110 (tgl. 9.00–22.00, Mo., Mi., Fr. ab 7.00, Fr. u. Sa. bis 24.00 Uhr).

INFORMATION
Touristinformation im Kurgastzentrum
Parkstr. 20, 32105 Bad Salzuflen
Tel. 05 22 2 18 31 83
www.staatsbad-salzuflen.de

3 Vlotho

Der Luftkurort (18 500 Einw.) wurde im 12. Jh. an der Mündung des Forellenbaches in die Weser gegründet. Die heilenden Quellen, 1753 entdeckt, und die Moorbäder Seebruch und Senkelteich (heute Rehakliniken) ziehen viele Gäste an. Vlotho setzt auf Produkte aus fairem Handel und Kunstwerke im Straßenbild.

SEHENSWERT
In der renovierten **Heimatstube** des Heimatvereins ist ein alter Tante-Emma-Laden aufgebaut. Ebenso wird an die Zigarrenherstellung erinnert, die bis 1986 den Ort prägte (Lange Str. 53, Tel. 05 73 3 86 31). Der Ausblick von der **Burg Vlotho** auf Stadt und Weser ist grandios.

INFORMATION
Vlotho Marketing GmbH
Lange Str. 111
32602 Vlotho
Tel. 05 73 3 88 11 88
www.vlotho.de

4 Bad Oeynhausen

Es waren tatsächlich Schweine, die 1745 hier reiche Solevorkommen „entdeckten". Der Salzabbau begann, und 100 Jahre später stieß man auf die Thermalsolequelle. Ein mondäner Kurort (48 700 Einw.) entwickelte sich.

Tipp

Wasserkreuzung Minden

Seit 1914 führt eine 370 Meter lange, trogähnliche Brücke aus Sandstein den Mittellandkanal in 13 Metern Höhe über die Weser. Seit 1998 fahren die Schiffe über einen größeren Trog daneben. Das Kreuz (Luftbilder S. 102 unten, 115) lässt sich bei einem Rundgang und auf Schiffstouren besichtigen. Über die Schleuse pendeln die Schiffe zur Weser hinab.

WEITERE INFORMATIONEN
Infozentrum Schachtschleuse
Sympherstr. 12, Minden
April–Okt. 9.00–17.00 Uhr
Führungen am 1. u. 3. So. im Monat 11.45 Uhr, Besichtigung der Schachtschleuse ganzjährig
www.wsa-minden.de

Oben: Hügellandschaft bei Vlotho; rechts: Beim Freischießen in Minden leben alte Traditionen und Handwerke wieder auf.

SEHENSWERT
Der **Kurpark** ist mit 26 ha Größe hübscher Repräsentant der modernen Kur- und Bäderwelt. 1853 fertig gestellt und 2012 erneuert, bietet er eine blühende Welt mit Wandelhalle (frisch gezapfte Heilwasser, Mo.–Fr. 10.00–17.00 Uhr) und Café, Badehaus I (1857) und II (1885) sowie dem **Kaiserpalais** von 1908. Der **Jordansprudel**, einer der größten kohlensäurehaltigen Thermalsolequellen der Welt, schießt 50 m in die Luft (außer im Winter tgl. 9.00–12.00 und 14.00–22.00 Uhr zu jeder vollen Stunde).

ERLEBEN
Kulturveranstaltungen und Landschaftserlebnis prägen die 20 ha große Fläche der **Aqua Magica.** Wasserkrater und Hochseilgarten sind die großen Attraktionen (Bültestr. 93, Tel. 05 73 1 30 20 00, www.aquamagica.de, www.kletterpark-nrw.de). Varieté und Weltklasseartisten sind im **GOP Varieté** im Kaiserpalais zu erleben (Programm und Öffnungszeiten unter Tel. 05 73 1 7 44 80 und www.variete.de/oeynhausen). **Bali-Therme** s. Favoriten S. 110 (Morsbachallee 5, tgl. 8.00–23.00, Fr., Sa. bis 24.00 Uhr, www.balitherme.de).

MUSEEN
Die auch für Erwachsene gestaltete Ausstellung im **Deutschen Märchen- und Wesersagenmuseum** führt anschaulich in die Welt der Sagen ein (Am Kurpark 3, Mi.–So. 10.00–12.00, 14.00–17.00 Uhr). Der **Museumshof** besteht aus einer Wassermühle mit Hofgebäuden im Siekertal (Schützenstr. 35 a, März–Okt. Mi.–So. 10.00–12.00, 14.00–17.00, Mühle April–Sept. jeden 2. u. 4. So. 14.00–17.00 Uhr).

HOTEL
€ € Hotel Wittekind wurde 1849 erbaut und gestattet einen Blick auf den Kurpark. Am Kurpark 10, Tel. 05 73 1 3 06 00, www.hotel-wittekind.de.

RESTAURANT
Im **€ € Hexenhäuschen** wird Hausmannskost serviert. „Jammerlappen" und Henkersmahlzeit sind zu empfehlen! Herforder Str. 53, Tel. 05 73 19 82 17 11.

INFORMATION
Tourist-Information
Im Kurpark, 32545 Bad Oeynhausen
Tel. 05731 13 00, www.badoeynhausen.de

5 Porta Westfalica

Bei Porta Westfalica (35 600 Einw.) fließt die Weser zwischen Wiehen- und Wesergebirge hindurch in die norddeutsche Tiefebene.

SEHENSWERT
Das 88 m hohe **Kaiser-Wilhelm-Denkmal** TOPZIEL auf dem 276 m hohen Wittekindsberg bietet vom erneuerten Ringsockel aus beste Panoramablicke. Besucherzentrum tgl. 10.00 bis 18.00 Uhr. Auf dem **Jakobsberg** (238 m) gegenüber lässt sich von der Plattform auf dem Fernsehturm in die Ferne blicken, April bis Okt. Sa. 12.00–18.00, So. 10.00–18.00, Sommerferien NRW Mo.–Fr. 10.00–18.00 Uhr. Im **Besucherbergwerk** und Museum Kleinenbremen ist der Eisenerzabbau von damals zu sehen. Sie war 1883 eröffnet worden (Rintelner Str. 396, März–Okt. Di.–Do., Sa./So. 10.00–16.00 Uhr, www.bb-mk.de).

INFORMATION
i-Punkt Porta Westfalica
Schalksburgstr. 3–5
32457 Porta Westfalica, Tel. 0571 40 39 80
www.portawestfalica.de

6 Minden

Die von Karl dem Großen 798 gegründete Domstadt (81 700 Einw.) lockt mit historischer Altstadt, Weserstrand und Europas bedeutendstem Wasserstraßenkreuz.

SEHENSWERT
Ein Rundgang durch die bildschöne **Altstadt** TOPZIEL führt zu Dom, **Johanniskirche**, Rathaus und Fachwerkhäusern am **Marktplatz**. Aus einer einfachen Saalkirche im 8. Jh. wuchs der **Dom** bis zu einer gotischen Hallenkirche. Von der „Goldenen Tafel" ist eine Nachbildung zu sehen. Das Original befindet sich im Berliner Bode-Museum. Zum **Domschatz** gehören das Mindener Kreuz (1070) und die um 1230 gefertigte Silbermadonna (Di.–Fr. 10.00 bis 12.30, 14.00–16.30 Uhr).

MUSEEN

Das **Mindener Museum** präsentiert 1200 Jahre Regionalgeschichte (Ritterstr. 23–33, Di. bis So. 12.00–18.00 Uhr, www.minden.de). 350 Jahre Preußen in Westfalen zeigt das **Preußen-Museum** (wg. Renovierung bis 2020 geschlossen, www.preussenmuseum.de).

ERLEBEN

Der **Weserstrand** mit Cocktails von der Bar lässt sich im Sommer nahe der Glacisbrücke genießen. Die **Fahrgastschifffahrt** bietet Rundfahrten auf Weser und Mittellandkanal an (Di.–Sa. Mitte Mai–Mitte Sept., ab März Sa., So. bei gutem Wetter, Tel. 05 71 6 48 08 00, www.mifa.com sowie Tel. 05 02 1 91 93 11, www.flotte-weser.de).

VERANSTALTUNG

Das Mindener Bürgerbataillon feiert im Sommer das **Freischießen** in geraden Jahren als buntes Stadtfest mit Musik und historischen Waffen – wie seit 1682 (Termin unter www.minden-freischiessen.de). Zudem ist die Stadt Kabarett-Hochburg

INFORMATION

Tourist-Information
Domstr. 2, 32423 Minden
Tel. 05 71 8 29 06 59
www.minden-erleben.de

7 Petershagen

Die „Storchenhauptstadt" Petershagen (25 100 Einw.) ist auf 212 km² eine der größten Städte in Nordrhein-Westfalen – und ein Kleinod.

MUSEEN

Auf einer Hofstätte von 1701 kann man im **Westfälischen Storchenmuseum** viel über Störche lernen (4 km nördl., Windheim, Im Gund 4, Mi.–Fr. 14.00–18.00, Sa., So. 11.00 bis 18.00 Uhr, www.petershagen.de). Die **Klostermühle Lahde** (4 km östl.) besteht aus einer Wassermühle von 1292, auf die 1876 eine Turmwindmühle gesetzt wurde (tgl. geöffnet). Die restaurierte **Alte Synagoge** ist mit ihrer jüdischen Schule, der Frauenempore und dem Ritualbad eine Seltenheit im Weserraum (Goebenstr. 5 u. 7, So. 16.00–18.00 Uhr u. n. Vereinbar., www.synago ge-petershagen.de). In der **Glashütte Gernheim**, in der von 1812–1877 produziert wurde, sind Glasbläser im kegelförmigen Glashüttenturm aktiv. Auch die Schleiferei sowie die vielen Glasobjekte lassen sich neben den damaligen Wohnungen der Arbeiter besichtigen (3 km nördl., Gernheim 12, Di.–So. 10.00–18.00 Uhr, www.lwl-industriemuseum.de). Das **Wesertal-Modell** sind künstlerisch gestaltete Steine auf einem geologischen Lehrpfad (Maschstr., frei zugänglich).

INFORMATION

Tourist-Info Altes Amtsgericht
Mindener Str. 16, 32469 Petershagen
Tel. 05707 9 00 68 60
www.petershagen.de

Genießen Erleben Erfahren

DuMont Aktiv

Im Aufwind

Die Hanglagen von Wiehen- und Wesergebirge bieten oft Aufwinde. Da ist ein Flug von Porta Westfalica aus ideal, sich einen Überblick aus der Luft zu verschaffen, sei es mit dem Segel- oder Motorflieger.

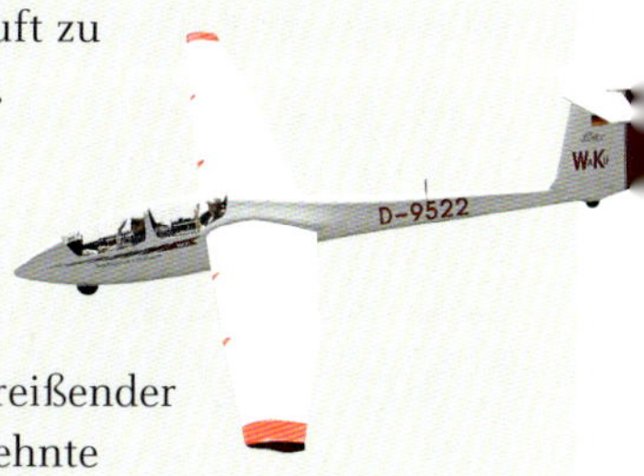

Profis sind am Werk in den Vereinen auf dem Verkehrslandeplatz Airport Porta Westfalica (EDVY). Wer nicht zum Verein gehört, bringt sein Fluggerät selbst mit. Das Gästebuch steht voller hinreißender Kommentare, was die Bedingungen angeht. Ausgedehnte Segelflüge bei niedrigen bis großen Höhen Richtung Osten zum Süntel und Ith sind keine Seltenheit. Gerade im Herbst, Winter und Frühling garantiert ein gleichmäßiger Südwestwind ungeahnte Flugerlebnisse. Gestartet wird meist mit einer Schleppwinde. Interessenten sollten sich frühzeitig bei den Clubs anmelden, um mitfliegen zu können. Meist wird an den Wochenenden geflogen, doch wie immer bei dem Sport kann alles im letzten Moment abgeblasen werden. Das Wetter ist entscheidend.

Bei den Motorfliegern werden auch gern Fluggäste mitgenommen. Sie starten zu Rundflügen durchs Weserbergland, über die Porta Westfalica und zum Wasserstraßenkreuz in Minden. Weitere Flüge führen meist zu den norddeutschen Inseln. Die passenden Gespräche unter Piloten lassen sich im Flugplatzrestaurant „Airfield" aufschnappen.

Weitere Informationen

- **Anbieter Porta Westfalica:**
Fliegerschule Porta, Flughafen 1
Tel. 05 73 1 65 30, www.scp-porta.de
Luftsportverein Vlotho
Flugplatz Nordseite, Maschweg 43
Tel. 05 73 1 66 67
www.lsv-vlotho.de
Aero-Club Minden
Maschweg 41, Tel. 05 73 1 76 31 66
www.ac-minden.de

- **Flugplatz:**
Flughafenstr. 1, Tel. 05 73 1 76 30 70
32457 Porta Westfalica, www.edvy.de

Von oben lässt sich die Weite des Weserberglands am besten überblicken. Die Hanglagen sind bei Segelfliegern für ihre Aufwinde berühmt. Mitfliegen ist auch mit Motorfliegern möglich.

Im Reinhardswald (o.l.); hoch zu Ross vorbei an Beverungen (o.r.); Kanufahrt auf der Weser (u.)

Service

Keine Reise ohne Planung. Auf den folgenden Seiten haben wir für Sie Wissenswertes für Ihren Urlaub im Weserbergland zusammengefasst.

Anreise

Mit dem Auto: Über die A7, A2 und A30, dann auf Bundes- und Landstraßen ins Weserbergland. Entlang der Weser verbindet linksseitig die B83 die Orte, rechtsseitig sind es Landesstraßen; über 25 Brücken und rund zehn Fähren kann die Weser überquert werden.
Mit Bus und Bahn: ICE-Bahnhöfe befinden sich in Minden, Hannover, Göttingen, Kassel, Altenbeken und Warburg, Weiterreise in Regionalzügen. Eine Nord-Süd-Verbindung existiert zwischen Bad Pyrmont und Bad Oeynhausen. Regionale Busverbindungen unter www.efa.de.
Mit dem Flugzeug: Die nächsten Flughäfen sind Hannover, Paderborn, Kassel/Calden oder Münster/Osnabrück, kleinere liegen in Porta Westfalica und Höxter-Holzminden.

Auskunft

Weserbergland Tourismus e.V.
Deisterallee 1
31785 Hameln
Tel. 05 15 19 30 00
www.weserbergland-tourismus.de

Touristik Naturpark Münden
Lotzestr. 2
34346 Hann. Münden
Tel. 05 54 17 53 13
www.hann.muenden-tourismus.de

Kulturland Kreis Höxter
Corveyer Allee 7
37671 Höxter
Tel. 05 27 1 97 43 23
www.kulturland.org

Essen und Trinken

Auf rustikalen **„Pfannenschlag"** und **„Grünkohl mit Brägenwurst"**, aber auch auf frische **Forellen** trifft der Gast im gesamten Weserbergland. Im Solling steht oft das **„Rote Höhenvieh"** auf den Speisekarten. Es ist eine alte Rinderrasse, die bestes Fleisch produziert. Auch **Wild** gehört zu den regionalen Spezialitäten, ebenso **Spargel** von der Mittelweser um Nienburg oder aus dem Göttinger Raum. Im Nordhessischen kommt **„Ahle Worscht"**, eine im Buchenholzrauch gereifte, herzhafte Mettwurst, auf den Tisch. In Lemgo dagegen isst man gern **Strohsemmel,** abgebacken auf Roggenstroh. **Pickert** sind kleine Kuchen aus Mehl, Hefe und Kartoffeln mit Rosinen.
Getränke: Extaler und Bad Pyrmonter **Mineralwässer** sind überregional erhältlich. Unter „Teamblue" wird seit 2005 Quellwasser aus der Klein-Süntelquelle aus Bad Münder verkauft. Neben dem weithin bekannten Traditionsbier „Einbecker Urbock" wird noch in Uslar (Bergbräu), Holzminden (Allersheimer), Höxter (Meierhof-Bio-Bier) und Lauenau (Rupp) **Bier** gebraut.

Fähren

Fähren fahren meist nur April bis Oktober. Ein besonderes Erlebnis ist das Übersetzen in einer Gierseilfähre (DuMont Thema S. 60). Sie verkehren in Beverungen-Wehrden und Herstelle. In Oberweser-Oedelsheim und Wahlsburg-Lippoldsberg („Märchenfähre") können auch Autos übersetzen. Personenfähren sind in Bad Oeynhausen-Rehme, Bodenfelde-Wahmbeck (auch Autos) und Emmerthal-Grohnde (auch Autos) anzutreffen. In Grave fährt eine Solarfähre. Ganzjähriger Betrieb ist in Polle (Autos) und Hessisch-Oldendorf-Großenwieden (Übersicht unter www.weserbergland-tourismus.de).

Feste

Ende Februar: Ostereiermarkt mit intern. Künstlern in Fürstenberg. Irish Folkfestival in Lippoldsberg.
April: In der Rühler Schweiz Kirschblütenfeste.
Ostersonntag: Osterräderlauf in Lügde.
Mai: Regatta Paddel- und Ruderboote von Hann. Münden nach Hameln. Musikwochen im Weserbergland. Händelfestspiele in Göttingen. Intern. Springturnier Schloss Hardenberg.
Juni: Zum Felgenfest (autofreier Erlebnistag) werden 55 km Straße zwischen Bodenwerder und Rinteln nur für Radfahrer und Inlineskater geöffnet. In Hann. Münden wird das Rosenfest mit Livemusik gefeiert.
Juli: Dritter Sonntag Weserbeleuchtung in Gieselwerder mit 1000 Lichtern auf dem Fluss. Fredener Musiktage mit intern. Musikern.
August: Erstes Wochenende Backhausfest in Gottstreu, das an die Waldenser erinnert. His-

Von Mai bis September wird in der Burgruine Polle das „Aschenputtel" aufgeführt.

torischer Fürstentreff in Bad Pyrmont. Musikalisches Höhenfeuerwerk in Bodenwerder, das größte in Norddeutschland.
September: Am ersten Wochenende wetteifern Pflastermaler in Bodenwerder um die schönsten Bilder. Abschluss der Bursfelder Sommerkonzerte. Jazztage in Corvey und Holzminden.
Oktober: Poller Kürbismarkt auf der Burgruine, Märchentage in Bad Oeynhausen, Göttinger Literaturherbst.
November: Jazzfestival in Göttingen.
Advent: Weihnachtsmärkte (Auswahl) in Fürstenberg, Hameln, Lemgo und Rinteln. Konzerte in Corvey.

Freizeitparks

Das **Rasti-Land** in Salzhemmendorf hat sich auf große und kleine Besucher eingerichtet. Darin bietet „Kids-Dinoworld" ganzjährig Spielvergnügen in einer Halle.
Kulturveranstaltungen und Landschaftserlebnis prägen die 20 ha große Fläche der **Aqua Magica** in Bad Oeynhausen. Wasserkrater und Hochseilgarten sind die großen Attraktionen.
Der **Erlebniswald Schöningen** bei Neuhaus im Solling ist ein Kinderwaldprojekt mit Klimaturm, Infostationen im Wald, Baumhaushotel und Campingplatz mit Naturbadesee.
Der **„potts park"** in Minden bietet etwas für kleine Abenteurer, ebenso der Dinosaurierpark in Münchehagen.

Kinder

Neben der Schillat-Höhle im Süntel und dem Besucherbergwerk Kleinenbremen in Porta Westfalica bieten sich für den Besuch etwa das Deutsche Märchen- und Wesersagenmuseum in Bad Oeynhausen an. Die Freizeitparks (s. o.) sind für die ganze Familie der Renner. Vielerorts gibt es auch eine GPS-Schatzsuche im Gelände.
In Rinteln starten die Draisinen ins Exertal. Eine Kinder-Quadbahn befindet sich am Flugplatz Höxter-Holzminden (April–Okt., www.chgquad bahn.de).
Rundgänge mit dem Rattenfänger in Hameln oder das Musical „Rats" sind genauso geeignet wie ein Rendezvous mit dem Darsteller von Baron von Münchhausen in Bodenwerder oder ein Stadtspaziergang mit Doktor Eisenbart in Hann. Münden (entsprechende Events siehe unter „Märchen").

Literaturempfehlungen

Diers, Knut: Weserbergland: Lieblingsplätze zum Entdecken, 2017, Gmeiner-Verlag
Braun, Wolfgang: Geheime Orte im Weserbergland, 2016, Nicolaische Verlagsbuchhandlung
Rüther, Peter: Wanderlust im Weserbergland, 2016, Droste Verlag
Giessing, Widbert/Diers, Knut: Die Weser, Bildband, 2017, Tertulla-Verlag

Märchen

Viele Orte zwischen Hann. Münden und Bad Oeynhausen liegen an der Deutschen Märchenstraße. Informationen, auch rund um Feste und Veranstaltungen mit Märchenbezug:
Deutsche Märchenstraße e.V.
Kurfürstenstr. 9, 34117 Kassel
Tel. 05 61 92 04 79 10
www.deutsche-maerchenstrasse.de

Museumseisenbahnen

Von Minden-Oberstadt aus fährt die **Museumseisenbahn** mit dem historischen „Preußenzug" sonntags nach Kleinenbremen sowie nach Hille; Auskunft, Fahrpläne und Tarife unter:
Tel. 05 71 5 83 00,
www.vereine.minden.de
Die **Dampfeisenbahn Weserbergland** bietet Sonntagsfahrten unter Dampf im Sommer von Rinteln aus nach Stadthagen, Minden, Vlotho und Bad Oeynhausen an; Auskunft, Fahrpläne und Tarife unter:
Tel. 05 75 1 89 02 30,
www.dampfeisenbahn-weserbergland.de

Radfahren

Movelo ist da: Das Weserbergland hat jetzt ein dichtes Netz an Verleih- und Akkuwechselstationen für **E-Bikes.** Bad Pyrmont ist dabei das

Info

Daten & Fakten

Lage: Von Hann. Münden, dem Zusammenfluss der Fulda und Werra als Ursprung der Weser, reicht das Weserbergland rund 200 km weit bis zur Westfälischen Pforte, der Porta Westfalica. Dieser Teil heißt Oberweser. Ab Minden fließt die Weser bis zur Mündung bei Bremerhaven in die Nordsee als Mittel- und Unterweser durchs norddeutsche Flachland. Die Oberweser berührt die Bundesländer Hessen, Niedersachsen und Nordrhein-Westfalen und wird von Kassel im Süden, Hannover im Norden sowie Bielefeld im Westen umrahmt. Grenze im Westen ist das Eggegebirge, im Osten das Leinetal.
Naturraum: Das Berg- und Hügelland, das sich im Solling bis auf 528 m NN erhebt, wird von zahlreichen Höhenzügen, Becken und Senken durchzogen. Die wichtigsten Wald- und Hügelflächen sind von Nord nach Süd: das Wesergebirge (bis 326 m NN), der Süntel (440 m NN), die Ottensteiner Hochfläche (376 m NN), der Vogler (460 m NN), der Solling (528 m NN), der Reinhardswald (472 m NN) und der Bramwald (408 m NN). Die Naturparks Weserbergland Schaumburg-Hameln und Solling-Vogler ragen heraus.
Bevölkerung: Rund 500 000 Menschen leben im Weserbergland. Die größten Städte sind Minden (81 700 Einw.), Hameln (57 200), Bad Oeynhausen (48 700), Lemgo (40 700) und Höxter (29 300). Rund 870 000 Gäste im Jahr besuchen die Region, Tendenz stark steigend. Es werden aktuell mehr als 2,5 Millionen Übernachtungen gezahlt.
Wirtschaft: In der handwerklich und kleinindustriell geprägten Region überwiegen mittelständische Betriebe. Zu den größeren Unternehmen zählen Hersteller von Säften in Rinteln, von Duft- und Aromastoffen in Holzminden bis zu Verpackungen in Hann. Münden. Überregional bekannt ist auch die Porzellanmanufaktur Fürstenberg. Die Land- und Forstwirtschaft blüht.
Die Bedeutung des Tourismus in der von Naturschutzflächen reich gesegneten Landschaft wächst deutlich an. Dazu tragen auch die vielen Schlösser und Klöster bei, die heute einem breiten Publikum ihre Schätze präsentieren. Die Vielfalt der musikalischen und sportlichen Veranstaltungen ist immens. Sechs Heil- und Kurbäder ziehen Gesundheitsgäste an.

Elixiere aus der Walkemühle (o., s. S. 111), Vitasol in Bad Salzuflen (u., s. S. 110).

Mit dem Rad durch das Schaumburger Land. Kleine Rast an der Weser bei Pegestorf

Scharnier zur Region Teutoburger Wald, das ebenfalls zu Movelo gehört. www.movelo.com/de/weserbergland. Tagestouren: 16 neue Strecken von 15 bis 95 km sind unter www.weserbergland-tourismus.de/radfahren beschrieben.
Fernradwege: Der Weser-Radweg ist einer der beliebtesten Radwege in Deutschland, der Klassiker im Weserbergland und führt auf 500 Kilometern von Hann. Münden bis Cuxhaven. Rundwege zweigen ab, die teilweise auch untereinander verbunden sind. Es ist ein dichtes Radwegenetz für Tagestouristen entstanden. Kombinieren lässt sich das auch mit der D-Route 3, dem deutschen Abschnitt des Europa-Radwegs R1. 60 km führen davon durchs Weserbergland. Der Leineradweg führt von Leinefeld/Thüringen über Göttingen, Einbeck und Alfeld weiter Richtung Norden durch die Lüneburger Heide bis Hamburg – als Leine-Heide-Radweg (www.leineheideradweg.de). Der Weser-Leine-Radweg verbindet ihn über Gronau und Emmerthal mit dem Weser-Radweg.
Themenradwege: Von der Bückeburger Landtour über die Ith-Schleife bis zur Umrundung Einbecks reichen die Vorschläge. Einen Überblick für viele Routen auch auf www.rad-oeynhausen.de. Von Minden aus ist eine Radroute durch den Mühlenkreis Minden-Lübbecke zu vielen Mühlen ausgeschildert. Die LandArt-Route zeigt Stätten des Kunsthandwerks, Galerien und Ausstellungen. Die Fürstenroute führt von Minden zum Steinhuder Meer, die Storchenroute auf 50 km um Petershagen. Über Beverungen, Höxter und Bad Karlshafen verläuft die Kloster-Garten-Route auf 185 km auf einer Rundtour zum Eggegebirge und nach Warburg zu spirituellen und grünen Oasen (www.kulturland.org).
Rad und Schiff: Weserschiffe nehmen Räder mit. Sternfahrten werden ab Hann. Münden angeboten.
Mountainbiken ist vor allem im Solling-Vogler auf 16 Strecken von 22 bis 158 km mit 17 000 Höhenmetern möglich. Es gibt geführte Touren ab Neuhaus-Silberborn. Dazu kommt ein 7,3 km langer Parcours in Neuhaus (www.hochsolling.de). Der Solling-Funpark befindet sich in Merxhausen (www.solling-funpark.de). Jährlich am 1. Juli wird der Allersheimer Mountainbike-Cup in Neuhaus veranstaltet.

Reisezeit

Das Weserbergland lohnt das ganze Jahr über eine Reise. Hauptsaison ist die warme Jahreszeit zwischen Mai und Oktober, Wanderer schätzen insbesondere Frühjahr und Herbst. Doch dank vieler Museen und Konzerte, Weihnachtsmärkte, Wellness-Orte und Wintersport im Hochsolling ist die Region auch im Winter attraktiv.

Restaurants

Eine Auswahl von Restaurants finden Sie auf den Infoseiten.

Info

Geschichte

1. Jh.: Germanische Stämme entdecken den „Brodelbrunnen" im heutigen Bad Pyrmont. Römische Funde bei Porta Westfalica lassen vermuten, dass sich hier das Sommerlager des Varus befand, der im Jahre 9 in die Schlacht gegen Arminius zog (und verlor).
782: Herzog Widukind aus Sachsen schlägt die Franken Karls des Großen auf dem Dachtelfeld am Süntel.
800: Bistum Minden wird gegründet.
822: Reichsabtei Corvey entsteht als geistlich-politisches Zentrum und Handelspunkt am Hellweg, der Rhein und Elbe verbindet.
1183: Hann. Münden wird erstmals als Handelsstadt erwähnt.
1284: Stadtrat bittet Rattenfänger von Hameln um Hilfe.
1304: In Bückeburg lässt der Schaumburger Graf Adolf VI. eine Wasserburg zur Überwachung der Handelsstraße Hellweg bauen.
1433: Reformbewegung startet vom Benediktinerkloster Bursfelde aus.
1500–1620: Hochzeit der Weserrenaissance mit prachtvollen Bauten; der Handel blüht, bis der Dreißigjährige Krieg einsetzt.
1502: Margarethe von Riethberg nutzt als erster Kurgast die Quelle des Hylligen Born in Bad Pyrmont.
1699: Landgraf Carl gründet das heutige Bad Karlshafen zur Ansiedlung der Hugenotten.
1720: Baron von Münchhausen wird in Bodenwerder geboren.
1727: Der Wanderarzt Doktor Eisenbart stirbt in Hann. Münden.
1737: Universität Göttingen eröffnet.
1747: Gründung der Porzellanmanufaktur Fürstenberg
1787: Dorothea Schlözer wird erste Doktorin der Philosophie an der Göttinger Universität.
1793: Die Solequellen in Bad Pyrmont werden therapeutisch genutzt.
1807: Carl Friedrich Gauß wird als „König der Mathematik" Direktor der Göttinger Sternwarte.
1835: Gustav Pressel dichtet das Weserlied.
1866: Preußen annektiert die Provinzen Hannover und Kurhessen.
1883: Blüte der Salondampfer bis zum Ersten Weltkrieg.
1946: Der Freistaat Schaumburg-Lippe geht im Land Niedersachsen auf.
1994: Das Kernkraftwerk Würgassen wird abgeschaltet, 1997 stillgelegt.
2000: Das Expo-Projekt „Steinzeichen Steinbergen" und der Park Aqua Magica in Bad Oeynhausen entstehen.
2004: Die Hofreitschule Bückeburg wird wiederbelebt.
2013: Die neue Weserschleuse am Wasserstraßenkreuz Minden geht in Betrieb.
2014: Abzug der britischen Soldaten (mit Angehörigen ca. 1500 Personen) aus Hameln.
2020: Das Preußen-Museum in Münden eröffnet neu.

Preiskategorien

€€€€	Hauptspeisen	über 25	€
€€€	Hauptspeisen	20 – 25	€
€€	Hauptspeisen	10 – 19	€
€	Hauptspeisen	unter 10	€

Schifffahrten

Am Weserstein in **Hann. Münden** starten mehrmals tgl. (Mai–Okt.) Schiffsrundfahrten auf Fulda und Weser (Auskunft Touristinformation Hann. Münden). Rund- und Linienfahrten mit der „Hessen" (Mai–Sept.) von **Bad Karlshafen** aus: Linie 2000 Bad Karlshafen (Tel. 05 67 2 99 99 23, www.weserschiff-linie2000.de). Die **„Flotte Weser"** bietet mit neun Schiffen viele Stopps zwischen Bad Karlshafen, Höxter, Bodenwerder, Hameln, Minden und Bremen Rund- und Linienfahrten an (Oberweser: Tel. 05 15 1 93 99 99, www.flotte-weser.de). **Wasserstraßenkreuz:** Die Mindener Fahrgastschifffahrt organisiert mehrere Rund- und Linienfahrten auf der Weser und auf dem Mittellandkanal an (Tel. 05 71 6 48 08 00, www.mifa.com). Rundfahrten mit Schaufelraddampfer und Schleusungen hat auch die „Flotte Weser" im Angebot (Mittelweser Tel. 05 02 1 91 93 14, www.flotte-weser.de).

Sport

Wandern und Radfahren siehe dort

Flugsport: Segelfliegen und Rundflüge bieten mehrere Vereine am Flughafen Porta Westfalica an (s. DuMont Aktiv S. 115). Segelflieger starten auch nördlich von Holzen am Segelflugplatz Ithwiesen am Ith. Von Coppenbrügge aus werden Ballonfahrten auch früh morgens angeboten. „Ballon Perspektive" startet ebenfalls in Bad Pyrmont, Bodenwerder, Hameln und Holzminden, www.ballon-perspektive.de, auch in Porta Westfalica heben Ballons ab.

Golf: Mit der Golf-Card Weserbergland für 99 Euro Greenfee kann sich der Spieler seine Plätze auswählen. Diese sind: Schloss Schwöbber in Aerzen, in Bad Pyrmont (Lügde), Bad Oeynhausen (Löhne), Bad Münder, Bad Eilsen, Einbeck, Northeim (Hardenberg GolfResort, s. S. 51), Polle, Obernkirchen und Vlotho-Exter.

Klettern: Zum Klettern eignen sich der Ith mit seinen Klippen als größtes Kletterrevier Norddeutschlands sowie der Süntel. Hochseilgärten stehen in Neuhaus-Silberborn und Bad Oeynhausen.

Reiten: Für Wanderreiter sind Tipps unter www.weserbergland-zu-pferd.de zu finden.

Wassersportarten wie Kanufahren, Rudern oder Wasserski sind im Angebot. Eine Karte mit allen Anlegestellen gibt es beim Weserbergland Tourismus und unter www.weserbergland-tourismus.de. Auskunft zu Pegelständen sind bei den Wasser- und Schifffahrtsämtern Hann. Münden (www.wsa-hmue.wsv.de) und Minden (www.wsa-minden.de) zu bekommen, Kanuanbieter unter www.kanutouristik.de.

Wintersport: Langlauf auf acht Loipen (60 km) und Abfahrtsski im Hochsolling, Skilift und Rodelhang bei Neuhaus.

Thermen

Thermen mit Wellness-Angeboten s. DuMont Thema S. 76 und Favoriten S. 110.
Einen Überblick zu den Angeboten an allen Kurorten liefert der
Deutsche Heilbäderverband
Charlottenstr. 13
10969 Berlin
Tel. 030 2 46 36 92
www.deutscher-heilbaederverband.de

Tierparks und Wildgehege

Die Anlagen befinden sich im Solling (Wildpark in Neuhaus), an der Sababurg (mit Greifvogelstation), in Bad Pyrmont oder auch in Hardegsen. Das Wisentgehege Scherfede in Warburg-Hardehausen, der Schmetterlingspark in Uslar und die Vogelparks in Bad Oeynhausen-Dehme sowie in Bad Nenndorf sind ebenfalls einen Besuch wert.

Unterkunft

Camping: Ob direkt an der Weser oder idyllisch am Waldrand – Camping- und Wohnmobilfreunde finden unter www.weserbergland-tourismus.de ihren Lieblingsplatz.
Eine Übersicht aller etwa 30 Campingplätze im Weserraum findet sich unter www.camping.info.
Hotels: Eine Auswahl an Hotels ist auf den Infoseiten zusammengestellt. Die dort genannten Preiskategorien für ein Doppelzimmer mit Frühstück schlüsseln sich auf wie folgt:

Preiskategorien

€€€€	Doppelzimmer	über 120	€
€€€	Doppelzimmer	91 – 120	€
€€	Doppelzimmer	61 – 90	€
€	Doppelzimmer	unter 60	€

Jugendherbergen: Direkt an der Weser oder im Naturpark, teilweise in historischen Gebäuden – in Jugendherbergen lässt es sich im Weserbergland gut und preiswert übernachten. Wanderer und Radfahrer aller Altersklassen sind willkommen. Man muss jedoch Mitglied im Jugendherbergswerk sein (Deutsches Ju-

Bad Karlshafen zählt zu den Anlegestellen der Ausflugsschiffe.

Info

Wetterdaten
Minden

	TAGES-TEMP. MAX.	NACHT-TEMP. MIN.	TAGE MIT NIEDER-SCHLAG	SONNEN-STUNDEN PRO TAG
Januar	3°	−2°	11	1
Februar	3°	−2°	9	2
März	8°	0°	10	3
April	13°	3°	10	5
Mai	18°	7°	10	7
Juni	22°	9°	11	7
Juli	22°	12°	10	6
August	23°	12°	10	6
September	19°	9°	9	5
Oktober	14°	6°	9	3
November	8°	3°	11	3
Dezember	4°	−1°	12	1

gendherbergswerk, Tel 0523 17 40 10, www.jugendherberge.de). Häuser finden sich in Bad Karlshafen-Helmarshausen, Göttingen, Hann. Münden, Silberborn, Bodenwerder, Hameln, Rinteln, Petershagen und Porta Westfalica.

Wandern

Die Region hat sich mit gut ausgewiesenen Wanderwegen und Unterkünften, die Wanderer auch nur für eine Nacht aufnehmen (sog. „Qualitätsgastgeber Wanderbares Deutschland"), gut auf Wanderer eingerichtet. In der Regel sind die Touren nicht schwierig, auch fallen wenig Steigungen an.

Fernwanderwege: Der Weserbergland-Weg führt auf einer Strecke von 225 km von Hann. Münden bis Porta Westfalica. Die Beschilderung ist perfekt – etwa alle 250 Meter folgt ein Wegweiser (blaues XW auf grünem Grund). Die Strecke bietet einen Mix aus naturnahen und befestigten Wegen mit insgesamt wenig Steigungen. Der Wanderweg ist als Qualitätsweg zertifiziert. Ein Serviceheft ist beim Weserbergland-Tourismus erhältlich.

Eco Pfade: Auf naturnahen Wegen in Nordhessen wird die Geschichte der Region erlebbar. Die Pfade sind gut ausgeschildert, Pläne hält die Tourist-Information bereit (www.eco-pfade.de).

Pilgerwege: Der Pilgerweg vom Kloster Loccum im Schaumburger Land durch den Solling über Kloster Bursfelde bis ins thüringische Volkenroda ist 280 km lang (www.loccum-volkenroda.de).

Themenwege: Vier kurze Qualitätswanderwege sind unter www.weserbergland-tourismus.de zu finden: Die Drei-Burgen-Route (13,2 km ab Burg Schaumburg bei Rinteln) und der Weg zur Selbstzuwendung (4 km bei Rehren mit neun Entspannungsstationen und Audioguide) im westlichen Weserbergland sowie „das liebliche Walterbachtal" im östlichen Weserbergland (6,4 km ab Bad Münder-Nienstedt im Deister) gehören dazu. Für Familien ist der Wichtelpfad (2 km ab Sievershausen im Solling) mit Walderlebnis ausgelegt. Der Sigwardsweg führt auf 170 km durch den Kreis Minden-Lübbecke, das Schaumburger Land, Bückeburg, Bad Nenndorf, Loccum und über Petershagen nach Minden (Routendetails unter www.wanderkompass.de). Der Wittekindsweg verläuft auf dem Gebirgskamm des Wiehengebirges vom Kaiser- Wilhelm-Denkmal aus Richtung Westen nach Osnabrück.

Weitere Wanderwege s. Favoriten S. 46.

Nordic Walking: Für Nordic Walking sind 90 Strecken ausgeschildert, sie starten in Bad Karlshafen, Bad Pyrmont, Beverungen, Einbeck, Höxter, der Solling-Vogler-Region sowie im westlichen und östlichen Weserbergland.